24 × 7
आनंद-ही-आनंद

24 × 7
आनंद-ही-आनंद

जय शंकर मिश्र

प्रभात पेपरबैक्स
प्रभात प्रकाशन™
ISO 9001 : 2008 प्रकाशक का उद्यम
www.prabhatbooks.com

प्रकाशक

प्रभात पेपरबैक्स

4/19 आसफ अली रोड, नई दिल्ली–110002

फोन : 23289555 • 23289666 • 23289777 ❖ फैक्स : 23253233

इ–मेल : prabhatbooks@gmail.com ❖ वेब ठिकाना : www.prabhatbooks.com

संस्करण

प्रथम, 2011

मूल्य

एक सौ पच्चीस रुपए

अ.मा.पु.स. 978-81-7315-969-5

मुद्रक

भानु प्रिंटर्स, दिल्ली

★

24 × 7 ANAND-HI-ANAND

by J.S. Mishra

Rs. 125.00

Published by **Prabhat Paperbacks** (A Division of Prabhat Prakashan)
4/19 Asaf Ali Road, New Delhi-2

ISBN 978-81-7315-969-5

यह कृति मेरे ज्येष्ठ पुत्र
प्रिय अभिषेक
को
स्नेह, आशीष एवं शुभकामनाओं
सहित अर्पित है।

अपनी बात

अपने समस्त कर्तव्यों में प्रसन्न रहने के कर्तव्य की मानव सबसे अधिक अनदेखी करता है।

—रॉबर्ट लुई स्टीवेंसन

मनुष्य जीवन के समस्त लक्ष्यों में आनंद जटिलतम लक्ष्य है। अमेरिका के संविधान में 'प्रसन्नता की प्राप्ति' को एक अधिकार माना गया है, जबकि रॉबर्ट लुई स्टीवेंसन ने इसे एक ऐसा कर्तव्य माना है, जिसकी अनदेखी कदापि नहीं की जानी चाहिए। जीवन में हर व्यक्ति जीवन का आनंद पाना चाहता है और सदैव प्रसन्न रहना चाहता है। परंतु ऐसा देखा जाता है कि मनुष्य अपनी छोटी-छोटी कठिनाइयों तथा लाभ-हानि के गणित में जीवन-पर्यंत ऐसा उलझा रहता है कि जीवन के आनंदमय पक्ष की ओर न उसका ध्यान जाता है और न वह समय ही निकाल पाता है।

प्रस्तुत पुस्तक के लेखन में मुख्य प्रयास यह रहा है कि जीवन को आनंदमय बनानेवाले तत्त्वों का सम्यक् विश्लेषण कर पाठक का ध्यान जीवन के उन मूल बिंदुओं की ओर आकर्षित किया जाए, जिनमें हमारे जीवन को प्रसन्नता से भर देने की अपार संभावनाएँ निहित हैं। जीवन में आनंदित होने का मूल मंत्र यह है कि जीवन की प्रत्येक धारा, प्रत्येक क्षण एवं परिस्थिति को भरपूर जिया जाए। वस्तुत: 'जियो और जीने दो' की भावना 'सर्वे भवन्तु सुखिन:' की परिकल्पना का मूल बिंदु है। दूसरों को प्रसन्न करना ही जीवन को आनंदमय बनाने का सर्वाधिक महत्त्वपूर्ण उपाय है।

जीवन आनंदमय करने का सबसे सुगम उपाय आनंद का विस्तार ही हैं। 'कामायनी' जैसे महाकाव्य के रचनाकार महाकवि जयशंकर प्रसाद की निम्न पंक्तियाँ दृष्टव्य हैं—

'औरों को हँसते देखो मनु,
हँसो और सुख पाओ।
अपने सुख को विस्तृत कर लो,
जग को सुखी बनाओ॥'

प्रसन्नता की प्राप्ति मूल रूप में हमारे विचारों, प्रवृत्तियों तथा दृष्टिकोण पर निर्भर करती है। यदि राग-द्वेष को नियंत्रित किया जा सके तथा अपने अहं की भावना से छुटकारा पाया जा सके तो जीवन के हर मोड़ पर आह्लाद की अनुभूति की जा सकती है। प्रकृति के विविध रूप, नीला आकाश, प्रात:कालीन उदय होते रवि-रश्मियों की आभा, इंद्रधनुष के मनोरम रंग, अस्त होते सूर्य की लालिमा, गरिमा मानव जीवन को आह्लाद एवं उमंग से भर देने की क्षमता रखते हैं। इसी प्रकार वृक्षों की हरीतिमा, भाँति-भाँति के रंगों के पुष्प, आकाश में उमड़ते-घुमड़ते काले बादल, घनघोर वर्षा की झड़ियाँ तथा पूनम की रात में भरा-पूरा चाँद, जगमग सितारों भरी रात हमारे तन-मन-जीवन को आह्लादित कर देने, स्पंदित कर देने में सर्वथा समर्थ हैं। परंतु मूल आवश्यकता हमें ठहरकर एकाग्रता के साथ प्रकृति के इन मनोहारी दृश्यों, परिदृश्यों का अवलोकन करने की है, इनसे जुड़ने एवं अपने को जोड़ने की है।

जीवन के दृश्यों-परिदृश्यों के सूक्ष्म अवलोकन से हमें यह आभास होता है कि प्रभात वेला में चिड़ियों का चहचहाना, बसंत ऋतु में पलाश के फूलों की दमक, रजनीगंधा की महक, कृष्ण पक्ष की काली रात में अनवरत बरसात के बीच में दामिनी की चमक, झरनों एवं, नदियों के प्रवाह की कल-कल ध्वनि मानव जीवन को आनंदमय कर देने तथा मानव जीवन की महत्ता व गरिमा के अहसास हेतु अद्वितीय अवसर प्रदान करते हैं। परंतु इन दृश्यों के सौंदर्य को आत्मसात् करने अथवा न करने का विकल्प हमारा अपना है।

हम किन भावनाओं, विचारों एवं विकल्पों का चयन करते हैं, यह प्रमुख रूप से स्वयं हमारे ऊपर निर्भर करता है। प्रकृति के सुकुमार कवि श्री सुमित्रानंदन पंत की

ये पंक्तियाँ जीवन जीने की कला के संबंध में महत्त्वपूर्ण संदेश प्रदान करती है—

'छोड़ द्रुमों की मृदु छाया,
तोड़ प्रकृति से भी माया।
बाले! तेरे बाल-जाल में
कैसे उलझा दूँ लोचन,
भूल अभी से इस जग को॥

तज कर ताल तरंगों को,
इंद्रधनुष के रंगों को।
तेरे भ्रू-भृंगों से कैसे
बिंधवा दूँ निज मृग-सा मन
भूल अभी से इस जग को॥'

प्रसन्नता प्राप्त करने का प्रथम सोपान हृदय की विशालता तथा प्राणीमात्र के लिए स्नेह, सद्भाव एवं स्वीकार्यता है। यह एक सामान्य अनुभव है कि यदि हमारा अंत:करण आनंदमय है तो सारी सृष्टि सौंदर्य एवं आह्लाद से परिपूर्ण दृष्टिगत होती है। प्रसन्नता की अनुभूति हमारे अपने दृष्टिकोण पर निर्भर है। आल्डस हक्सले ने कहा है कि ''प्रसन्नता प्रत्यक्ष प्रयासों से नहीं प्राप्त की जा सकती है, वरन् हमारे विभिन्न क्रिया-कलापों के परिणामस्वरूप ही आनंद का अनुभव किया जा सकता है।''

विश्व की सभी संस्कृतियों में मानव जीवन काँटों भरी सेज होना और जीवन में दु:ख एवं विषाद के तत्त्व की प्रधानता होने की स्वीकार्यता है। गौतम बुद्ध द्वारा प्रतिपादित चार आर्य सत्यों में प्रथम सत्य 'जीवन दु:खमय है' माना गया है। वस्तुत: यह परम सत्य है और इस सत्य की स्वीकार्यता मानव जीवन को एक नई दिशा, नया दृष्टिकोण एवं नया परिप्रेक्ष्य प्रदान करती है। 'गीता' में योगिराज कृष्ण द्वारा 'सुख दु:खे समेकृत्वा, लाभालाभौ जया जयौ' के सिद्धांत का प्रतिपादन जीवन के प्रति एक स्पष्ट परिप्रेक्ष्य तथा दृष्टिकोण की स्थापना का सशक्त प्रयास है। कहा गया है कि जीवन एक यात्रा है। यदि इस तथ्य की गहन अनुभूति मन में है तो पथ के कंटक तथा राह के रोड़े और विभिन्न मोड़ों की उलझन व भटकाव के प्रति हमारा दृष्टिकोण परिवर्तित हो जाता है। मानव जीवन के तथाकथित सुख-दु:ख के भाव से

ऊपर उठने का मूल मंत्र पा लेता है। इस यात्रा में आनंद का अनुभव तथा प्रसन्नता की प्राप्ति पूर्ण रूप से स्थितियों एवं परिस्थितियों के प्रति हमारे अपने मनोभाव एवं उनके मूल्यांकन पर निर्भर करती है।

यह तथ्य भी निर्विवाद है कि मानव जीवन सुख-दु:ख एवं उत्थान-पतन की एक शृंखला है तथा जीवन की परिस्थितियों एवं कठिनाइयों से जूझना और उनका सम्यक् समाधान जीवन को एक नया अर्थ एवं नई दिशा प्रदान करता है। मानव जीवन की कठिनाइयाँ एवं जटिलताएँ ऐसे संदर्भ हैं, जो अंतत: जीवन को गतिशील एवं आनंदमय बनाने की संभावनाएँ प्रस्तुत करते हैं। इनसे उत्पन्न चुनौतियाँ अनेक नए अवसर प्रदान कर मानव जीवन के विकास एवं उसकी गुणवत्ता की अभिवृद्धि में प्रमुख भूमिका अदा करती हैं। परंतु दिन-प्रतिदिन के जीवन में हमारा प्रथम प्रयास इन कठिनाइयों के अस्तित्व को नकारने का होता है। इनके अस्तित्व को नजरअंदाज न करते हुए प्रत्यक्ष रूप से सशक्त प्रयास कर समाधान न करने की प्रवृत्ति मुख्य रूप से हमारे जीवन में तनाव, दु:ख एवं अवसाद का कारण है तथा प्रसन्नता की प्राप्ति में प्रमुख रूप से बाधक है। इस दृष्टि से आनंद की प्राप्ति का मूल मंत्र समस्याओं तथा जटिलताओं को तत्काल स्वीकार कर, उनका सम्यक् समाधान कर जीवन-पथ पर निशिवासर आगे बढ़ते रहना है।

जीवन में प्रसन्नता के अभाव का एक कारण यह भी है कि समाज में विश्वसनीयता का संकट विद्यमान है। ऐसा देखा जाता है कि दिन-प्रतिदिन के सामाजिक संपर्क एवं व्यवहार में दिए गए वचनों के अनुकूल आचरण तथा आश्वासनों एवं प्रतिबद्धताओं के शत-प्रतिशत अनुपालन की संस्कृति का लोप हो गया है। इससे भी परिवार, समाज एवं जीवन में आनंदमय वातावरण के सृजन में रुकावट आई है। सुसंस्कृत एवं पारदर्शी जीवन-शैली संबंधों की प्रगाढ़ता सुनिश्चित कर सकती है और प्रसन्नता की प्राप्ति के लिए अत्यंत सहायक हो सकती है। इस प्रकार का जीवन-यापन कठिन प्रतीत हो सकता है, परंतु इसके दूरगामी परिणाम मानव जीवन को सुसंस्कृत एवं समृद्ध करने में अति महत्त्वपूर्ण भूमिका निभाएँगे।

जीवन में प्रसन्नता की राह में एक अन्य महत्त्वपूर्ण कठिनाई यह है कि हम अपने व्यक्तित्व, गुणों एवं रचनात्मक व धनात्मक पक्ष की ओर अधिक ध्यान न देकर प्राय: अपनी कठिनाइयों, चिंताओं एवं अभाव के संबंध में ही अपना ध्यान केंद्रित रखते हैं। समाज में भौतिकवादी एवं उपभोक्तावादी संस्कृति का बोलबाला होने से भी हमारी दृष्टि में माता-पिता के स्नेह, मित्रों का सद्‌भाव, जीवन साथी का

प्यार, सहयोग एवं विश्वास, बच्चों के रूप में जीवन-प्रदत्त निधि एवं प्रकृति-प्रदत्त सौंदर्य इत्यादि का महत्त्व नगण्य हो चला है। गंभीरतापूर्वक विचार करने से यह स्पष्ट होता है कि वास्तविक आनंद के लिए परिवार में बच्चों के रूप में प्राप्त निधि उनका आदर, प्यार, स्नेह एवं सहयोग से अधिक महत्त्वपूर्ण जीवन में कुछ भी नहीं है। परंतु हम प्राय: अस्तित्व एवं प्रसिद्धि के संघर्ष में इसकी महत्ता एवं सुखद अनुभूति से अनभिज्ञ ही रहते हैं।

इसी प्रकार प्रसन्नता के मूल कारकों में मित्रों की भूमिका बहुत ही अहम होती है। मित्रों का चयन, मित्रता का निर्वाह एवं सुख-दु:ख में सक्रिय सहभागिता जीवन में भरपूर प्रसन्नता भर सकती है। उपर्युक्त के अतिरिक्त प्रकृति से तादात्म्य, समय का सुसंगत नियोजन, समय एवं व्यवहार का अनुशासन, सत्-साहित्य का पठन-पाठन, कला व संगीत के क्रिया-कलापों में संलग्नता एवं जीवन के प्रतिदिन को एक नई भेंट, एक नया अवसर मानकर उत्साह एवं उमंग से जीवन-यापन आनंदमय जीवन के अपरिहार्य तत्त्व हैं।

प्रस्तुत पुस्तक '24 × 7 आनंद-ही-आनंद' मेरी पूर्व प्रकाशित पुस्तक 'हैप्पीनेस इज ए चॉइस, चूज टू बी हैप्पी' का भावानुवाद है। प्रस्तुत पुस्तक के विभिन्न अध्यायों का भावानुवाद मेरे प्रिय मित्र श्री अरुण कुमार मिश्र द्वारा किया गया है। श्री मिश्र हिंदी तथा उर्दू में उत्कृष्ट कोटि के गीतकार एवं कवि हैं तथा उच्च कोटि के साहित्यानुरागी हैं। इस पुस्तक लेखन का मुख्य उद्देश्य पाठकों के समक्ष आह्लाद एवं आनंद के विभिन्न कारकों एवं तत्त्वों का यथासंभव सरलतम भाषा-शैली में विश्लेषण कर विषय-वस्तु को ध्यानाकर्षण हेतु प्रस्तुत करना रहा है। इस अध्यवसाय के पीछे मूल स्वप्न यह रहा है कि अहर्निश जीवन-संघर्ष के बावजूद पाठक किंचित् ठहरकर जीवन को सरस एवं आनंदमय बनाने के मूल तत्त्वों पर विचार कर सकें। यदि इस प्रयास के फलस्वरूप पाठकों के किंचित् क्षण भी आनंदमय हो सकें तो यह प्रयास करणीय एवं सफल माना जाएगा।

—जय शंकर मिश्र

आभार

प्रस्तुत पुस्तक '24 × 7 आनंद-ही-आनंद' मेरी अंग्रेजी में प्रकाशित पुस्तक 'हैप्पीनेस इज ए चॉइस, चूज टू बी हैप्पी' का भावानुवाद है। हैप्पीनेस इज ए चॉइस की लोकप्रियता तथा अनेक मित्रों एवं शुभाकांक्षी गण के आग्रह के फलस्वरूप पुस्तक के हिंदी भावानुवाद का प्रकाशन करने का निर्णय लिया गया।

इस अध्यवसाय में मूल प्रयास मेरे प्रिय मित्र श्री अरुण कुमार मिश्र का रहा है, जिनके द्वारा अपनी अत्यंत व्यस्त जीवनचर्या में समय निकालकर अत्यंत क्षमता एवं कुशलतापूर्वक हिंदी भावानुवाद प्रस्तुत किया गया है। वस्तुतः इसके पढ़ने से पुस्तक के अनुवाद न होने वरन् पूर्ण रूप से मौलिक लेखन होने का पूर्ण आभास मिलता है। श्री मिश्र एक उच्च कोटि के साहित्यकार हैं और इनकी अनेक रचनाएँ हिंदी व उर्दू में प्रकाशित हो चुकी हैं। श्री मिश्र की उत्कृष्ट कोटि की काव्य रचनाओं का प्रकाशन 'अंजलि भर भाव के प्रसून' काव्य संग्रह प्रतिभा प्रतिष्ठान, नई दिल्ली द्वारा किया गया है, जिसकी हिंदी साहित्य जगत् में अभूतपूर्व स्वीकार्यता हुई है।

रचना के इस रूप में प्रस्तुतीकरण, टंकण, अध्यायवार लिपिबद्ध करने तथा पांडुलिपि तैयार करने में श्री मोहम्मद जफर का योगदान अत्यंत प्रशंसनीय रहा है। पुस्तक के प्रस्तुत हिंदी रूपांतरण के पुस्तकाकार रूप में प्रकाशित होने की यात्रा में अनेक मित्रों एवं परिवार के सुहृद जनों के स्नेह, सहयोग एवं अपरिमित उत्साहवर्धन हेतु हार्दिक आभार व्यक्त करना चाहता हूँ। आशा एवं विश्वास है कि यह रचना सुधी पाठकों को न केवल रुचिकर लगेगी वरन् निशिदिन की आपा-धापी के इस दौर में आनंद एवं आह्लाद के अवसर भी प्रदान कर सकेगी।

अनुक्रम

“जीना तत्काल प्रारंभ करो और हर अलग दिन को अलग जीवन मानो।”

—सेनेका

अध्याय 1

प्रसन्नता के अनेक रूप

"जीना तत्काल शुरू करो और हर अलग दिन को अलग जीवन मानो।"

—सेनेका

एक सुंदर कथा है कि घने जंगलों से गुजरते हुए एक यात्री को मार्ग में चार सुंदरियाँ मिलीं। घोर निर्जन में उन्हें देखकर उसे बड़ा अचंभा हुआ। शिष्टाचार-वश उसने अभिवादन कर अपना परिचय दिया। प्रत्युत्तर में एक लंबी-छरहरी सुंदरी आगे बढ़ी। उसने अपना नाम 'बुद्धि' या 'अक्ल' तथा निवास-स्थान मनुष्य का मस्तिष्क बताया। उससे मिलकर यात्री बहुत खुश हुआ।

फिर बहुत भली सी दिखनेवाली एवं सुंदर आँखोंवाली दूसरी सुंदरी आगे बढ़ी। उसने अपना नाम 'लज्जा' या 'हया' बताया और बोली कि मैं लोगों की आँखों में शील बनकर रहती हूँ। मानव-स्वभाव की गरिमा, शालीनता मेरे ही कारण है। यात्री दुबारा उतना ही खुश हुआ।

अब लंबे कद और सुगठित शरीरवाली तीसरी सुंदरी ने अपना परिचय 'साहस' या 'हिम्मत' के रूप में देते हुए कहा कि मेरा सर्वविदित आवास मनुष्य का हृदय है। यात्री उससे भी बहुत प्रभावित हुआ और उसे धन्यवाद दिया।

अंत में चौथी सुंदरी की बारी थी। वह अत्यंत रूपवती थी और अपने आस-

पास ताजगी की आभा बिखेर रही थी। उसने बताया कि उसका नाम 'स्वास्थ्य' या 'तंदुरूस्ती' है और आदमी का पेट ही उसका घर है। यात्री उन चारों ही सुंदरियों से मिलकर बहुत प्रभावित हुआ और सबको धन्यवाद देकर घने जंगलों के बीच अपनी यात्रा पर आगे बढ़ चला।

जंगल के अंतिम छोर पर पहुँचने पर चार नवयुवकों को एक तरफ एक साथ खड़ा देखकर उसे फिर बड़ा आश्चर्य हुआ। उसने अतीव विनम्रता से अभिवादन कर उन्हें भी अपना परिचय दिया। इस पर तराशे हुए चेहरे एवं घनी भौहोंवाले सबसे सुंदर नौजवान ने स्वयं को 'क्रोध' या 'गुस्सा' बताया। आगे पूछने पर उसने कहा कि वह मनुष्य के मस्तिष्क में रहता है। यह सुनकर यात्री सन्न रह गया। उसने आश्चर्य से भरकर कहा कि यह संभव नहीं है; क्योंकि जंगल के प्रारंभ में वह 'बुद्धि' नाम की सुंदरी से मिला था, जिसने कहा था कि वह मनुष्य के मस्तिष्क में रहती है। भला दोनों का निवास-स्थल एक ही कैसे हो सकता है? 'क्रोध' को गुस्सा आ गया। अपने बलशाली व्यक्तित्व में अपनी सबल मांसपेशियों को ऐंठते हुए, उसने उत्तर दिया कि यह सही है कि 'बुद्धि' मनुष्य के मस्तिष्क में रहती है, पर जैसे ही वह वहाँ प्रवेश करता है, 'बुद्धि' उस जगह को छोड़कर भाग खड़ी होती है। इस बात पर यात्री निरुत्तर हो गया, पर वह सहमत भी लगा।

दूसरे युवक ने अपना परिचय 'लोभ' या 'लालच' कहकर दिया और कहा कि, वह लोगों की आँखों में बसता है। "पर ऐसा तो 'लज्जा' ने कहा था।" इस पर लोभ बोला "हाँ, पर जैसे ही मनुष्य का मस्तिष्क 'लालच' के वशीभूत होता है, 'लज्जा' उड़न-छू हो जाती है।" जब किसी व्यक्ति को जीवन में धन अथवा शक्ति एवं अधिकार-संपन्न पद प्राप्त होता है तो ऐसा प्राय: ही देखने को मिलता है।

तीसरा युवक काफी दुबला-पतला और कमजोर-सा दिख रहा था। यात्री उसे देखकर, चिंतित-सा हुआ। उस युवक ने अपना नाम 'भय' या 'डर' तथा मनुष्य के हृदय को अपना आश्रय-स्थल बताया। यात्री बोला, "पर वहाँ तो 'साहस' रहता है।" 'भय' ने माना, पर बताया कि जैसे ही मनुष्य के हृदय में 'डर' समाता है, 'साहस' अंर्तध्यान हो जाता है।

अब तक यात्री काफी चकरा चुका था। बड़े संकोच के साथ वह चौथे नौजवान की ओर बढा, जो यद्यपि, स्वस्थ लग रहा था पर, उसने अपना नाम 'रोग' या 'बीमारी' बताया तथा आदमी के पेट को ही अपना घर कहा। उसने कहा

"अविवेकपूर्ण खान-पान की आदतों और अव्यवस्थित दिनचर्या के कारण लोग एक तरह से 'बीमारी' का ही पेट भरते रहते हैं। अत: वह बड़े आराम से 'स्वास्थ्य' या 'तंदुरुस्ती' को अपनी जगह से हटा देता है।"

इस कथा का संदेश बिलकुल स्पष्ट है कि स्वस्थ एवं प्रसन्न जीवन प्रत्येक मनुष्य के वश में है, बशर्ते उसमें इसके लिए अभिरुचि हो और वह स्वयं इसका चुनाव करे। अपने आपसे यह सवाल पूछना और इस पर विचार करना निहायत महत्त्वपूर्ण है कि वह क्या है, जो हमें सचमुच सुखी करता है? और हमारे दु:खों व कष्टों के कारण क्या हैं? अपने पूर्वानुभवों का निरंतर सूक्ष्मावलोकन न केवल हमें अपनी आदतों व व्यवहार पर नियंत्रण की सामर्थ्य देता है अपितु जीवन में प्रतिपल उपस्थित नवीन चुनौतियों, परिस्थितियों एवं घटनाओं के प्रति हमारे प्रत्युत्तरों, प्रतिक्रियाओं और दृष्टिकोण को भी निर्धारित करने में सहायक होता है।

संतुलित दृष्टिकोण एवं सद्‍गुणों से युक्त सीधी-सादी जीवन-शैली द्वारा अस्तित्व की परिपूर्णता एवं जीवन में परितृप्ति की अनुभूति प्राप्त की जा सकती है। इसके लिए केवल अपने विकल्पों के चयन में सावधान, सचेत एवं सचेष्ट रहने की और अपने दिन-प्रतिदिन के जीवन में सामान्य निषेधों के पालन भर की आवश्यकता है।

वास्तव में जीवन अस्तित्व के होने और बने रहने की एक सतत प्रक्रिया है। एक छात्र कुछ सीखने और डिग्री प्राप्त करने के लिए पढ़ाई करता है। कोई गरीब व्यक्ति धनी होने का प्रयास करता है। कोई कुरूप व्यक्ति सुंदर बनने के लिए सारे उपाय कर रहा होता है। इस प्रकार सभी का जीवन कुछ-से-कुछ और बनने की एक अनवरत प्रक्रिया है। कुछ 'होने' और कुछ 'हो जाने' की ललक चेतना के विभिन्न स्तरों पर, विभिन्न तरीकों से संचालित होती है। इसमें हमारी सारी क्रियाएँ, प्रक्रियाएँ, चुनौतियाँ और उन चुनौतियों को हमारा जवाब तक सबकुछ समाहित होता है। इस प्रकार जीवन कुछ बन जाने के लिए एक अनवरत संघर्ष है। फलत:, जिंदगी में कठिनाइयाँ, दु:ख और कष्ट भी हो सकते हैं और खुशियाँ एवं उमंगें भी।

वस्तुत: 'सुख', 'आनंद' या 'प्रसन्नता' का परिवृत्त बहुआयामी है। जीवन में प्रसन्नता का कोई सीधा, सुनिश्चित पथ नहीं है। जीवन की गति इतनी जटिल है कि कर्तव्य एवं अकर्तव्य के बीच सदैव एक संतुलन स्थापित करना पड़ता है। गीता में भगवान् श्रीकृष्ण अर्जुन को सम्यक् विवेक के लिए सचेत करते हुए मनुष्य के कर्म की गूढ़ प्रकृति का रहस्य इस श्लोक में समझाते हैं—

"कर्मणो ह्यापि बोद्धव्यं बोद्धव्यं च विकर्मणः ।
अकर्मणश्च बोद्धव्यं गहना कर्मणो गतिः ॥"

(श्रीमद्भगवद्गीता, अध्याय 4, श्लोक 17)

(—कर्म का स्वरूप भी जानना चाहिए और अकर्म का स्वरूप भी जानना चाहिए तथा विकर्म का स्वरूप भी जानना चाहिए; क्योंकि कर्म की गति गहन है।)

जीवन विज्ञान भी है और कला भी। अतः जीवन-यात्रा तय करते समय बहुत ही सावधानी की आवश्यकता है। क्योंकि प्रत्येक कर्म या अकर्म अपनी अलग गति सृजित करता है—जो जीवन में हमें तदनुसार प्रवृत्त करता है, अर्थात् हमारे कर्म अथवा अकर्म के अनुसार ही हमारे भावी जीवन की दिशा तय होती है। प्रसन्नता की समूची अवधारणा हमारी आकांक्षाओं, हमारे प्रयासों, उपलब्ध परिस्थितियों एवं उपलब्ध वातावरण पर निर्भर होती है। उदाहरण के लिए, इंद्रधनुष की छटा एवं दामिनी की दमक—जो स्वयं ही मौसम जैसे बाह्य कारणों पर निर्भर है—से प्राप्त प्रसन्नता भी अंततः उस समय विशेष की हमारी मनोदशा और संवेदनशीलता पर निर्भर है।

□

"सर्वाधिक सुखी लोगों के पास जरूरी नहीं कि सबकुछ अच्छा ही हो, पर वे अपने संपर्क में आनेवाली हर चीज का सर्वोत्तम उपयोग अवश्य करते हैं।"

—अज्ञात

“मुझे काम करना अच्छा लगता है; यह मुझे आकर्षित करता है। मैं इसे घंटों बैठकर निहार सकता हूँ। मुझे इसका साथ पसंद है। इसससे छुटकारा पाने का विचार मात्र भी मेरे लिए दिल तोड़ने वाला है।”

—जेरोम के. जेरोम

अध्याय 2

अभिरुचि : आनंद का स्रोत

"मुझे काम करना अच्छा लगता है; यह मुझे आकर्षित करता है। मैं इसे घंटों बैठकर निहार सकता हूँ। मुझे इसका साथ पसंद है। इससे छुटकारा पाने का विचार मात्र भी मेरे लिए दिल तोड़ने वाला है।"

—जेरोम के. जेरोम

आनंद और संतुष्टि की अनुभूति ही प्रसन्नता है। समय और स्थान से सर्वथा निरपेक्ष, प्रसन्नता, सदैव प्राणी के अस्तित्व की एक उच्चतर अवस्था रही है। अनादिकाल से प्रत्येक सभ्यता और संस्कृति में लोगों का सर्वाधिक प्रिय कार्य-कलाप रहा है—'सुख की खोज'। 'किस' चीज से किसी व्यक्ति को खुशी मिलती है और 'क्यों'—यह प्रश्न साधुओं, संतों, विचारकों और आम आदमी सभी को एक-सा मथता रहा है। वेदों, उपनिषदों, संतों के पदों, यूनानी दार्शनिकों के विचारों और स्व-निर्माण के आधुनिक साहित्य तक में अपनी-अपनी तरह से उन तत्त्वों पर विचार करने का प्रयास किया गया है, जिनसे अंततः 'सुख' प्राप्त होता है। सुख के

संदर्भ में एक बहु-उद्धृत वैदिक प्रार्थना इस प्रकार है—

> **'सर्वे भवन्तु सुखिनः**
> **सर्वे सन्तु निरामयाः**
> **सर्वे भद्राणि पश्यंतु**
> **माःकश्चित् दुःख-भाग-भवेत्।'**

(—सभी सुखी हों, सभी नीरोगी हों, सभी का कल्याण हो और कोई भी दु:ख का भागी न हो।)

महान् दार्शनिक एवं लेखक बर्टेंड रसेल के अनुसार, प्रसन्नता दो प्रकार की होती है—एक हृदय की प्रसन्नता और दूसरी मस्तिष्क की प्रसन्नता। भौतिक जीवन के संसाधन, अच्छे स्वास्थ्य और जीवन के प्रति सम्यक् दृष्टिकोण से मिलनेवाला आनंद और संतोष प्रथम प्रकार का है। जबकि दूसरे प्रकार का आनंद बृहत्तर संदर्भों एवं व्यापक सरोकारोंवाला होता है। यह जीवन के उन सूक्ष्मतर पक्षों से संबंध रखता है, जो आपकी निजता, चिर-परिचित वातावरण और धारा के साथ बह सकने की आपकी योग्यता से परे होता है।

आनंद के सर्वाधिक महत्त्वपूर्ण अवयवों में से एक है—'उमंग', जीवन के प्रति उमंग, दूसरों के क्रिया-कलापों में उमंगपूर्ण अभिरुचि और उन सब चीजों के प्रति उमंग का भाव, जो दिन-प्रतिदिन के जीवन में आपके संपर्क में आते हैं। उमंग का अर्थ कोई उत्तेजनामय तीव्र संवेग अथवा व्यवहार कदापि नहीं है, अपितु जीवन के प्रति उमंग पूरे जीवन को ही रुचिकर एवं उत्साहमय कर देता है।

> *प्रत्येक प्राणी में एवं प्रत्येक कार्य-व्यापार में 'सत्यं','शिवं', 'सुंदरम्' का दर्शन ही उमंग है।*

अनेक विचारकों एवं दार्शनिकों ने उमंग के गुणों का वर्णन किया है। उमंग एक उत्साहमय मनोदशा है, एक सकारात्मक प्रतिक्रिया है और यहाँ तक कि दैनिक जीवन में किए जाने-वाले समस्त कार्यों के लिए उमंग एक प्रकार से प्रचुर ऊर्जा के स्वामित्व का बोध है। उमंग केवल सुरंग के अंत में ही दिखनेवाले नहीं, अपितु उसके प्रारंभिक सोपानों पर, परम तिमिर से संघर्ष की बेला में भी साथ देनेवाले आलोक के आभास जैसा है। प्रत्येक प्राणी में एवं प्रत्येक कार्य-

व्यापार में 'सत्यं', 'शिवं', 'सुंदरं' का दर्शन ही उमंग है। इसका अर्थ यथार्थ से मुँह मोड़ना नहीं है बल्कि इसका सार जीवन के प्रति एक सार्थक, सकारात्मक एवं उल्लसित भाव का होना है। यह वस्तुतः अपने प्रत्येक कार्य को एक अतिरिक्त ऊर्जा-बल, उत्साह एवं संवेदना से करने की सदिच्छा है।

उमंग स्वयं भी लोगों द्वारा चाहे जाने, सराहे जाने, प्रशंसा किए जाने एवं प्यार किए जाने के प्रति व्यक्ति के निजी आकलन पर निर्भर होता है। इससे एक प्रकार की सुरक्षा, आत्मविश्वास और जीवन की हर चुनौती का सामना करने को तैयार रहने में मदद मिलती है। वास्तव में, अपने नजदीकी लोगों से मिली स्वीकृति एवं उनका स्नेह उत्प्रेरक का कार्य करता है और जीवन को उमंग से भर देता है। अतः स्पष्ट है कि उमंग प्यार एवं स्नेह का प्रतिफलन है, जो खुद भी इस बात पर निर्भर है कि आप दूसरों को कितनी स्वीकृति, स्नेह एवं प्यार प्रदान करते हैं।

बर्ट्रेंड रसेल का मत है कि सर्वोत्तम प्रकार का स्नेह एक-दूसरे के लिए परस्पर रूप से जीवनदायी होता है। इसमें जहाँ एक पक्ष न केवल स्वयं स्नेह पाता है वहीं बिना किसी विशेष सचेतन प्रयास के, दूसरे पक्ष को भी स्नेह-सिक्त कर देता है। इस प्रक्रिया में समूची दुनिया ज्यादा भली, प्यारी और रहने योग्य प्रतीत होने लगती है। इसके विपरीत ऐसा वातावरण। जहाँ स्नेह केवल ग्रहण किया जाता हो परंतु, लौटाया न जाता हो प्रसन्नता के पनपने के लिए अनुकूल नहीं होता है।

स्नेह के प्रवाह में अहं सबसे बड़ा अवरोधक है। यह प्रसन्नता-प्राप्ति की राह में रोड़े अटकाता है और बाधा पहुँचाता है। इसके अतिरिक्त, वे कारक जिनसे किसी व्यक्ति की आधारभूत मनःस्थिति का निर्धारण होता है, यथा—सामाजिक रीति-रिवाज, वर्जनाएँ, व्यक्ति के लालन-पालन की परिस्थितियाँ, विशेषकर बचपन के अनुभव आदि—पारस्परिक स्नेह के आदान-प्रदान में अन्य बड़ी बाधाएँ हैं। दुर्भाग्य से प्रत्येक समाज के अपने ही बँधे-बँधाए, कठोर तथा अलिखित, आचरण संबंधी नियम-निर्देश हुआ करते हैं, जिनके कारण, लोगों को अनेक अनौचित्यपूर्ण कष्ट प्रायः ही उठाने पड़ते हैं। बहुधा ऐसा भी देखने में आता है कि किसी समाज की तथाकथित नैतिक एवं आदर्श मूल्य-व्यवस्था जीवन के प्रति मनुष्य के प्रसन्नता एवं उत्साह से भरपूर दृष्टिकोण की राह में ही बाधक बनने लगती है।

> *अहं प्रसन्नता प्राप्ति में बाधक है।*

भगवान् बुद्ध ने अपने 'मध्यम मार्ग' के दर्शन में सहजता के गुणों का प्रतिपादन किया है। इसी प्रकार 'गीता' में भगवान् कृष्ण ने अर्जुन को विभिन्न भावनाओं एवं कर्मों में सम्यक् संतुलन या उचित सामंजस्य स्थापित करने का महत्त्व समझाते हुए उन्हें 'स्थिति-प्रज्ञ', अर्थात् सहज एवं स्थिर बुद्धिवाला बनने का उपदेश दिया है। महत्तम मानवीय प्रसन्नता अर्जित करने के लिए यह आवश्यक है कि हमारी अभिरुचियों एवं कर्मों का हम जिस समाज में रहते हैं, उसके सामान्य संस्कारों, मूल्यों एवं विश्वासों से ठीक तालमेल बैठे।

प्रसन्नता को प्रभावित करनेवाला एक अन्य महत्त्वपूर्ण अवयव कर्म के प्रति व्यक्ति की भावना है। कर्म को सुख अथवा दु:ख का कारण मानने या न मानने के विषय में आज कोई विवाद नहीं है, क्योंकि सहज बुद्धि भी कर्म करने को निठल्ले बैठे रहने की अपेक्षा बेहतर समझती है। सृजनशील कार्य-व्यस्तता बोरियत को दूर रखती है और खालीपन के अहसास को पास फटकने से रोकती है। यह सांसारिक सराहना एवं भौतिक लाभों के लिए अवसर एवं संसाधन भी प्रदान करती है। किंतु यदि हमारा कार्य रुचिकर तथा बौद्धिक रूप से संतुष्टिदायक है तो इसमें सच्चे आनंद का हेतु बनने की अपार संभावना निहित है।

कलात्मकता की माँगवाले अथवा बौद्धिक रूप से चुनौतीपूर्ण कार्य, अत्यंत उद्वेलनकारी होते हैं। साहित्य, संगीत, कला, विज्ञान एवं अन्य ललित कलाओं विषयक कार्य इसी श्रेणी के कार्य हैं। वस्तुत: ऐसे क्रियाकलाप, व्यक्ति की ऊर्जा, समय एवं संसाधनों के सुंदर उपयोग के साथ-साथ उसे उच्चतम प्रकार की संतुष्टि एवं बौद्धिक संप्राप्ति का आनंद भी देते हैं। ऐसी क्रियाएँ मात्र क्रियाएँ नहीं रह जातीं अपितु प्रसन्नता का परम श्रोत बन जाती हैं। उदाहरण के लिए, एक कवि द्वारा किसी कविता की रचना, एक चित्रकार द्वारा किसी चित्र की रचना, एक संगीतकार द्वारा संगीत की किसी बंदिश की रचना या फिर एक वैज्ञानिक द्वारा की गई कोई खोज जैसे कार्यों को महज कार्य की परिभाषा की सीमा में नहीं बाँधा जा सकता। बल्कि ऐसे ही कार्य अंतत: सच्ची प्रसन्नता के महान् श्रोत सिद्ध होते हैं।

खलील जिब्रान की निम्न पंक्तियाँ प्रसन्नता की अभिवृद्धि में कर्म के महत्त्व को रेखांकित करती हैं—

"और यह प्रीतिपूर्वक कृत् कर्म क्या है ?
यह बुनना है अपने हृदय से काते गए सूत से वस्त्र का;

मानो तुम्हारा प्रियतम धारेगा यह वस्त्र।
यह अनुरक्ति से भर निर्मित करना है एक भवन;
मानो तुम्हारा प्रियतम रहेगा इस घर में।
यह कोमलता से बोना है बीज और आनंदमय हो काटनी है फसल
मानो तुम्हारा प्रियतम चखेगा इसका सुफल"
कर्म मूर्तिमान प्रेम है।"

प्रसन्नता का सार 'यह जानने में है कि वह क्या चीज है' जो किसी व्यक्ति को प्रफुल्लित, आवेशित अथवा ऊर्जीकृत करती है। वे कौन से कार्य हैं, जिन्हें कोई व्यक्ति करना पसंद करता है और एक बार ऐसे कार्यों की पहचान हो जाने के पश्चात् उन्हें पूर्ण करने हेतु अपने सपनों एवं आकांक्षाओं के आलोक में, तन-मन से समर्पित होना ही समस्त प्रसन्नता का मूल मंत्र है।

□

"मैं इसे ठीक-ठीक समझा नहीं सकता, पर मुझे विश्वास नहीं है कि कोई कभी बहुत लंबे समय तक, दुःखी रह सकता है; यदि वह वही करे, जो वह चाहता है और तभी करे, जब वह चाहता है।"

—इवलिन वॉ

''याद रखो, प्रसन्नता इस पर निर्भर नहीं है कि आप कौन हैं या आपके पास क्या है; यह पूर्णतया निर्भर है इस पर कि आपके विचार क्या हैं।''

—डेल कार्नेगी

अध्याय 3

विचार बदलो : दुनिया बदलो

"याद रखो, प्रसन्नता इस पर निर्भर नहीं है कि आप कौन हैं या आपके पास क्या है; यह पूर्णतया निर्भर है इस पर कि आपके विचार क्या हैं।"

—डेल कार्नेगी

आज मानव-जाति के समक्ष उपस्थित सबसे बड़ा यक्ष-प्रश्न यही है कि, प्रसन्नता अंततः प्राप्त कैसे हो और यह अधिकतम कैसे हो? धन, समृद्धि, सुविधाएँ, प्रतिष्ठा, प्रसिद्धि और सुरक्षा की भूख—अर्थात् जो चीज जितनी प्राप्त है, उससे अधिक पाने की चिंता ही एक प्रकार से आनंद-प्राप्ति के मार्ग में मुख्य बाधा है।

हम सभी सफलता की विकृत अवधारणा से अंधे होकर, बिना परिणाम की चिंता किए, एक पागलपन की दौड़ में शामिल हैं। इस दौड़ का कोई सुपरिभाषित लक्ष्य तक नहीं है और इससे समाज में भीषण तनाव एवं गंभीर असुरक्षा की भावना पैदा होती है। यह अंधी दौड़ एक तरह से निरर्थक एवं असंतुलित जीवन-शैली को जन्म दे रही है।

सफलता का ताना-बाना काफी जटिल है। हम सभी जिंदगी के अपने-अपने दर्शन एवं मान्यताओं के अनुसार प्रसन्नता पाने का प्रयास करते हैं। पर, वास्तव में

प्रसन्नता-प्राप्ति में बाधक तत्त्व हमारे अपने ही चुने हुए होते हैं। अधिकांशत: हम बिना विचारे समाज के प्रचलित नियमों व विश्वासों, जो जरूरी नहीं हैं कि आज के संदर्भों में प्रासंगिक भी हों—का पालन करते हुए मात्र अपनी स्थूल इच्छाओं की पूर्ति भर कर रहे होते हैं। हम अपना अधिकांश समय और ऊर्जा नितांत साधारण एवं छुटपुट कामों में लगाकर उन उपायों एवं संसाधनों को पाने की कोशिश करते हैं जो हमारे विचार से हमें एक दिन अवश्य प्रसन्नता देंगे। इस प्रकार, हम एक भरपूर जीवन जीना प्रारंभ करने के बजाय हमेशा भविष्य की योजनाएँ बनाते हुए संसाधनों और उपकरणों की प्राप्ति और संग्रह करते हुए जीवन जीने की मात्र तैयारी ही करते रह जाते हैं। अर्थात् हम सदैव खुशियों भरी जिंदगी के लिए एक अंतहीन तैयारी में ही लगे रहते हैं।

हमारे पास अपनी अंतरात्मा की आवाज सुनने के लिए न तो समय होता है और न ही रुचि। हमारे लिए सचमुच क्या अच्छा है? ऐसा क्या है, जिससे हम गौरवान्वित, आनंदित एवं प्रफुल्लित अनुभव करते हैं? ज्यादा घंटों तक काम करते रहना या देर रात की पार्टियों में शामिल होना या अपने बच्चों के साथ खेलना या उनकी चिंताओं में हिस्सा बँटाना, या मधुर संगीत सुनना, या अच्छा साहित्य पढ़ना, या फिर ये तारों भरे आकाश को निहारते रहना—इनमें से क्या हमें सबसे ज्यादा आनंददायक और सबसे ज्यादा तृप्तिकारी लगता है? इन विकल्पों पर विचार करने का हमारे पास समय नहीं होता।

हम जिंदगी जीते नहीं मात्र उसकी तैयारी करते रहते हैं।

अपने लिए उपयुक्त चयन के अवसर और विकल्प हम सबके लिए खुले हैं। पर क्या हमें इसका भान है? आजकल हम प्राय: इन प्रश्नों पर विचार नहीं करते हैं। और अगर हममें से कुछ करते भी हैं तो बहुधा तब, जब बहुत देर हो चुकी होती है। कार्ल जंग की प्रसिद्ध उक्ति कि "आपकी दृष्टि तभी साफ होगी, जब आप अपने हृदय में झाँक सकेंगे। जो बाहर देखता है, वह स्वप्न में है; जो भीतर देखता है, वह जाग्रत् है।" इस द्वंद्व को बहुत सटीक रूप से वर्णित करती है और साथ ही इसके समाधान की ओर भी संकेत करती हैं।

हमारी संकुचित दृष्टि, नए विचारों के प्रति हमारा आंतरिक प्रतिरोध और जीवन की अनजान डगर पर चलने में भय प्रसन्नता की प्राप्ति में बड़ी बाधाएँ हैं। प्राय: हम अपनी संपूर्ण क्षमताओं और संभावनाओं की अपेक्षा पर खरे नहीं उतरते।

हम नए विचारों और नए मार्गों से डरते हैं। हम केवल उन्हीं रास्तों पर चलने में सुविधा का अनुभव करते हैं, जिन पर पहले ही से लाखों लोग गुजरते रहे हों। यह जरूरी है कि हम अपना समय और अपनी शक्ति केवल किसी तरह जीवन व्यतीत करने में ही न लगाएँ, बल्कि हमें अपने जीवन को आनंदमय बनाने के लिए सतत प्रयास भी करते रहना चाहिए।

औसतन प्रतिदिन लगभग 60 हजार विचार हमारे मन-मस्तिष्क में आते हैं। इनमें से अधिकांश पुनरावृत्ति मात्र होते हैं। ये वो विचार होते हैं जो गुजरे कल में भी हमारे मन में आए थे और संभवत: आगामी कल भी हमारे ध्यान और मन को व्यस्त रखेंगे। इसका परिणाम एक बहुत ही एक-रस एवं सपाट सी जिंदगी होती है जो आनंद एवं प्रसन्नता की कौन कहे, सहज उत्साह तक से वंचित रहती है।

जोनास सॉक ने कहा है—"मैंने स्वप्न देखे और मैंने दु:स्वप्न देखे। मैंने अपने स्वप्नों के कारण अपने दु:स्वप्नों पर विजय पाई।" नए विचारों के प्रति खुलापन सार्थक जीवन की कुंजी है। हमारी उपलब्धियाँ अधिकांशत: हमारे विचारों और जीवन में हमारे द्वारा लिये गए निर्णयों पर निर्भर होती हैं। प्रसन्नता हमारे विचारों और उनके प्रति हमारे मनोभावों का एक उत्पाद है। सकारात्मक विचार-प्रबंधन और विचारों के प्रति हमारी संवेदनशीलता उपयोगी कर्मों की ओर प्रवृत्त करते हैं, जो बदले में हमें जीवन में प्रसन्नता की ओर ले जाते हैं। हमें अपने मन के आश्चर्यों के प्रति जाग्रत् रह कर अपने स्वप्नों को साकार करना चाहिए।

> *हमारी उपलब्धियाँ हमारे विचारों एवं लिए गए निर्णयों पर निर्भर है।*

प्राय: ऐसा देखा गया है कि विगत के नकारात्मक अनुभव हमारे मन-मस्तिष्क पर हावी रहते हैं और नए सिरे से आगे सोचने की हमारी क्षमता को सीमित कर देते हैं। ये जोखिम उठाने की हमारी योग्यताओं को भी प्रतिकूल रूप से प्रभावित करते हैं। हम सम्मुख घट रही घटनाओं और उपलब्ध अवसरों का खुले दिमाग से मूल्यांकन करने के बजाय मात्र विगत अनुभवों के बंदी के रूप में कार्य करते हैं। वर्तमान के स्वामी और भविष्य के निर्माता होने के बजाय हम विगत से बँधकर अनेक स्वर्णिम अवसरों को गँवा बैठते हैं। प्रसन्नता का एक प्रमुख सिद्धांत है कि समय को विजित करने के लिए विगत के बोझ को उतार फेंको और नई लगन के

साथ आगे देखो।

महान् योगी और प्राचीन दार्शनिक पतंजलि ने कहा है कि "जब आप किसी महान् उद्देश्य या असाधारण कार्य से प्रेरित होते हैं तो आपके विचार अपने सारे बंधन तोड़ देते हैं; आपकी बुद्धि सभी सीमाओं को लाँघ जाती है; आपकी चेतना का विस्तार सभी दिशाओं में हो जाता है तथा आप स्वयं को एक नई, महान् और आश्चर्यजनक सृष्टि में पाते हैं। आपकी सुप्त शक्तियाँ, गुण और प्रतिभाएँ जीवंत हो उठती हैं एवं आप स्वयं को उससे अधिक महान् व्यक्ति पाते हैं, जितना होने के लिए आपने सपना देखा था।" हमारी योग्यताओं की उतनी सीमाएँ नहीं हैं जितनी हमारी जीवन-दृष्टि की। इससे स्पष्ट है कि प्रसन्नता अनुभव करने और गुणवत्तापूर्ण जीवन जीने की हमारी असमर्थता, अधिकांशतः हमारी संकुचित दृष्टि में निहित है, न कि बाह्य परिस्थितियों में; जैसा कि हम साधारणतया विश्वास करना चाहते हैं।

विगत का बोझ फेंककर आगे बढ़ो।

आनंद और प्रसन्नता के लक्ष्य की ओर हमारे प्रयाण में अपनी क्षमताओं के प्रति हमारी संकुचित दृष्टि एक बहुत बड़ी बाधा है। हम सभी के पास, जो काम हम मन से ठान लें, उसे पूरा करने के लिए अपार ऊर्जा का भंडार होता है। पर, मानव-जीवन का सबसे बड़ा विद्रूप यह है कि हमें अकसर इसका भान ही नहीं होता। यही कारण है कि धर्मग्रंथों, धर्मों, कवियों, सुधारकों और दार्शनिकों ने अपने मन व आत्मा की गहराइयों में झाँकने की आवश्यकता पर बल दिया है, जिससे कि हम अपने दृष्टि-फलक को विस्तृत एवं अपनी क्षमताओं को परिपूर्ण कर सकें।

हमारी उपलब्धियाँ 'कंफर्ट जोन' से निकल ज्ञात सीमाओं को लाँघने पर निर्भर है।

अपनी अंतरात्मा की अंतर्ध्वनि सुनने की आवश्यकता को रेखांकित करते हुए, भगवान् कृष्ण ने 'गीता' में कहा है कि—

उद्धरेदात्मनात्मानं नात्मानमवसादयेत्
आत्मैव ह्यात्मनो बंधुरात्मैव रिपुरात्मनः।

(श्रीमद्भगवद्गीता, अध्याय-6, श्लोक-5)

(मनुष्य अपने द्वारा अपना उद्धार करे और अपनी आत्मा को अधोगति को न पहुँचावे, क्योंकि, यह जीवात्मा आप ही तो अपना मित्र है और आप ही अपना शत्रु है।)

हमारा जड़त्व नए विचारों एवं भले कार्यों में अवरोध है; अज्ञात से भय के कारण हम अपनी सुविधा-क्षेत्र की सीमाओं में ही रहना पसंद करते हैं। एक नई दुनिया खुले, इसके लिए यह जरूरी है कि हम अपने सुविधा-क्षेत्र की सीमाओं से परे निकलने के लिए सचेतन रूप से एक दृढ़ इच्छा-शक्ति विकसित करें। मनुष्य की समस्त उपलब्धियाँ सुरक्षात्मक भावनाओं की परिधि से बाहर निकलने और इस परिधि को लाँघने के प्रयास का परिणाम हैं। एवरेस्ट की चोटी पर चढ़ाई या भाप के इंजन, बिजली के बल्ब, वायरलेस, टेलीफोन का आविष्कार आदि इसीलिए संभव हो सके, क्योंकि किसी ने ज्ञात सीमाओं को लाँघकर जो पहले से है, उसके बाहर देखने का साहस किया, प्रयास किया।

प्रसन्नता का रहस्य स्वयं को समझना, अपनी क्षमताओं को पहचानना और अपनी विचार-प्रक्रिया को संयमित करना है। यह पूरी तरह से ईमानदारी से अपनी अंतरात्मा की सच्ची आवाज को सुनना है। जो हमें ऊपर उठाती हैं और हमें आनंद तथा प्रसन्नता देती है और फिर, हमारी संपूर्ण ऊर्जा, उपक्रम, उत्साह एवं अभियान को प्रसन्नता-प्राप्ति की ओर प्रवृत्त कर देती है। हमारे हृदय तथा बुद्धि के सर्वाधिक निकट क्या है, इसकी समझ ही प्रसन्नता का मूल-मंत्र है।

हमारे चारों ओर की दुनिया और कुछ नहीं, बस अपनी इच्छाओं, आशंकाओं, स्वप्नों एवं कल्पनाओं का परावर्तन है। जो हमारे अंतर में है, वही परावर्तित होता है। हमारी प्रतिक्रियाएँ, प्रत्युत्तर, व्यवहार एवं जीवन के प्रति सामान्य आचरण ये सब हमारी आंतरिक मनोदशा पर निर्भर होते हैं। अपने विचारों, भावनाओं एवं अनुभूतियों को नियंत्रित कर तथा अपनी ऊर्जा को सही दिशा में लगाकर हम अपने जीवन की धारा को बदल सकते हैं। अपना दृष्टिकोण बदलकर हम अपने जीवन को निश्चित रूप से प्रसन्नतापूर्ण तथा आनंदमय बना सकते हैं।

□

“आपके जीवन की प्रसन्नता आपके विचारों की गुणवत्ता पर निर्भर होती है, अतः उनकी तदनुसार सुरक्षा करें और सावधानी बरतें कि समुचित प्रकृति तथा सद्‌गुणों के लिए अनुपयुक्त कोई भी विचार आपके मन में न उठने पाए।”

—मार्कस एंटोनिनस

"सदैव प्रसन्न रहो। प्रसन्नता हेतु दृढ़ प्रतिज्ञ व्यक्ति के लिए कोई ऐसा मार्ग नहीं है, जो सुगम न हो; कोई ऐसा भार नहीं है जो हलका न हो; हृदय एवं मस्तिष्क पर पड़ने वाली कोई ऐसी छाया नहीं है। जो अतिशीघ्र न हट सके॥"

—विल्लिट्स

अध्याय 4

हर क्षण उत्सव

"सदैव प्रसन्न रहो। प्रसन्नता हेतु दृढ़ प्रतिज्ञ व्यक्ति के लिए कोई ऐसा मार्ग नहीं है, जो सुगम न हो; कोई ऐसा भार नहीं है, जो हलका न हो; हृदय एवं मस्तिष्क पर पड़ने वाली कोई ऐसी छाया नहीं है, जो अतिशीघ्र न हट सके॥"

—विल्लिट्स

वह क्या है, जिससे प्रसन्नता की मुख्य अंतर्सामग्रियाँ विनिर्मित होती हैं? इस विषय पर प्राचीन धर्मग्रंथों में धर्मराज एवं यक्ष के मध्य एक रोचक वार्त्तालाप मिलता है। आनंद एवं प्रसन्नता से परिपूर्ण जीवन को रचनेवाले अवयवों को निम्न श्लोक में बड़ी सुंदरता के साथ गिनाया गया है—

"आरोग्य अनृण्य अविप्रवासः सद्भिः मनुष्यैः सह संप्रयोगः।
स्वप्रत्यया वृत्तिर अभीतवासः षड जीवलोकस्य सुखानि राजन्॥"

(नीरोगता, ऋण से मुक्ति, बंधु-बांधवों के साथ प्रवास, गुणी लोगों की संगति, सुनिश्चित जीवन-वृत्ति तथा भय का अभाव राजन्, इस जीवलोक के छह सुख हैं।)

आनंदमय एवं प्रसन्न अस्तित्व के लिए आवश्यक है कि स्वास्थ्य उत्तम रहे, जीवन-यापन के साधन विश्वसनीय हों, परिवार साथ रहे, विद्वानों से सत्संग हो और एक सुरक्षा की भावना हो। परंतु ये कारक मानव-सभ्यता के प्रारंभिक चरणों में, जब जीवन इतना सुरक्षित और सुविधाजनक नहीं था, अधिक प्रासंगिक थे।

हम प्रतिदिन के जीवन में पाते हैं कि सुविधा-सुरक्षायुक्त अच्छे जीवन के बावजूद कोई-न-कोई कमी खलती रहती है और हम जीवन से पूरी तरह संतुष्ट नहीं हो पाते हैं। वह कमी क्या है और हम इस अनुभूति से कैसे उबर सकते हैं? यही हम सबके समक्ष सबसे बड़ी चुनौती है।

प्रसन्नता का सबसे प्रभावशाली सिद्धांत है कि यह जीवन के सकारात्मक एवं नकारात्मक पक्षों के प्रति हमारे मनोभावों, मन:स्थितियों एवं मनोवैज्ञानिक नाप-जोख का प्रतिफलन है। 'श्रीमद्‌भगवद्‌गीता' में इस द्वंद्व पर बहुत अच्छी तरह विचार किया गया है जहाँ भगवान् श्रीकृष्ण अर्जुन को युद्ध के लिए उपदेश और प्रेरणा देते हैं, क्योंकि यही उनके लिए निर्धारित पवित्र कर्तव्य था और उनकी सारी शंकाएँ, भय, मोह आदि अनावश्यक तथा अप्रतिष्ठामूलक थे।

मन की समस्थिति ही आनंदमय जीवन का सार है।

भगवान् श्रीकृष्ण गीता के निम्न श्लोक में अर्जुन को जीवन के अप्रतिष्ठामूलक विषयों और विगत की घटनाओं पर चिंता न करने तथा इनके लिए दु:खी और निराश न होने का उपदेश देते हैं—

'अशोज्यानन्वशोचस्त्वं प्रज्ञावादांश्य भाषसे।
गतासूनगतासूंश्च नानुशोचन्ति पंडिता: ॥''

(श्रीमद्‌भगवद्‌गीता, अध्याय-2, श्लोक-11)

(हे अर्जुन! तू शोक न करने योग्य मनुष्यों के लिए शोक करता है और पंडितों जैसे वचन कहता है, परंतु पंडितजन, जिनके प्राण चले गए हैं उनके लिए और जिनके प्राण नहीं गए हैं उनके लिए भी शोक नहीं करते हैं।)

आगे सुख और दु:ख की उत्पत्ति का विश्लेषण करते हुए भगवान् कृष्ण कहते हैं कि, इच्छित वस्तुओं के साथ इंद्रियों का संसर्ग ही सुख-दु:ख की भावना को जन्म देता है। यह भावनाएँ आनी-जानी और विनाशशील हैं, अत: उपेक्षा के

योग्य हैं। बुद्धिमान पुरुष, जो सुख-दुःख को समान समझते हैं, इनसे व्यथित नहीं होते और अमरत्व को प्राप्त करते हैं।

सुखेदुःखे समे कृत्वा, लाभालाभौ जयाजयौ।
ततो युद्धाय युज्यस्व, नैवं पापमवाप्स्यसि॥''

(श्रीमद्भगवद्गीता, अध्याय-2, श्लोक-38)

(सुख-दुःख, लाभ-हानि और जय-पराजय को समान समझकर उसके उपरांत युद्ध के लिए तैयार हो, इस प्रकार से युद्ध करने पर तू पाप को प्राप्त नहीं होगा।)

जीवन की विभिन्न घटनाओं को समभाव से ग्रहण करने का संदेश ही यहाँ मुख्य है। मन की समस्थिति ही आनंदमय जीवन का सार है। प्रसन्न रहने के लिए स्थिर-चित्त विकसित करना और चित्त की शांति के लिए कर्मरत होना होता है। मन की यह अवस्था गीता में 'स्थितप्रज्ञ' के रूप में वर्णित है। जिसका मन दुःखों में अविचलित है, जो सुख की तृषा को नियंत्रित रखने में समर्थ है, जो भय, क्रोध और मोह से मुक्त है, ऐसे व्यक्ति को स्थिर चित्तवाला कहते हैं।

'प्रजहाति यदा कामान् सर्वान्पार्थ मनोगतान्।
आत्मन्येवात्मना तुष्टः स्थितप्रज्ञस्तदोच्यते॥''

(श्रीमद्भगवद्गीता, अध्याय-2, श्लोक-55)

(हे अर्जुन! जब यह पुरुष मन में स्थित संपूर्ण कामनाओं को त्याग देता है, तब आत्मा से ही आत्मा में संतुष्ट हुआ स्थिर बुद्धिवाला कहा जाता है।)

मन की संतुलित अवस्था और फलतः प्रसन्नता की कुंजी अच्छे-बुरे, सुख-दुःख और लाभ-हानि की हमारी अपनी अवधारणा पर निर्भर होती है। यह अंततोगत्वा हमारे जीवन-दर्शन और जीवन-दृष्टि पर निर्भर है। उदाहरण के लिए कतिपय संस्कृतियाँ सार्वजनिक जीवन में गंभीरता का उपदेश देते हुए इसे बहुत बड़ा सद्गुण मानती हैं; वहीं कतिपय समाज, जैसे आदिवासी समूह, जीवन को दिन-प्रतिदिन के आधार पर, जैसा भी यह उन्हें मिलता है, उसे ग्रहण करते हुए अत्यंत उल्लासमय जीवन का आनंद उठाते हैं।

प्रत्येक दिन एक उत्सव है तथा हँसने, नाचने और गाने का एक अवसर है।

ऐसा देखा जाता है कि प्रत्येक समाज में बच्चे और नौजवान हर प्राप्त अवसर का उत्सव मनाने के लिए बाकी हर चीज से बेपरवाह होकर हँसते, नाचते, गाते, खिलखिलाते तथा घुलते-मिलते हैं और जीवन का आनंद लेते हैं। लेकिन उम्र बढ़ने के साथ-साथ समाज की तथाकथित परंपराएँ, रीति-रिवाज और सामान्य मान्यताएँ उनके मन-मस्तिष्क पर हावी होने लगती हैं और उत्सव के अवसर अधिकाधिक विरल होते जाते हैं।

उत्सव का अर्थ क्या है ? इसका अर्थ है कि हम जो कुछ भी करें, उसे एक आवश्यक कर्तव्य, एक बोझ, एक मजबूरी में किया गया काम समझकर न करें अपितु उसे भरपूर ऊर्जा और उत्साह के साथ संपादित करें।

समस्त प्राणियों में केवल मनुष्य ही हँसकर अपनी प्रसन्नता व्यक्त कर सकता है। हँसी मनुष्य द्वारा अर्जित उच्चतम चेतना का अंग है। हँसी सागर की फेनिल लहरों के समान है और यद्यपि इसका अस्तित्व अत्यंत क्षणिक होता है, पर यही फेन लहरों का शृंगार होता है तथा इनके जीवन को सौंदर्य एवं लय प्रदान करता है। इसी प्रकार हँसी प्रसन्नता की पराकाष्ठा है और अपने चारों ओर आनंद का विस्तार करती है।

देखा गया है कि हम भारतीय लोग कुछ ज्यादा ही गंभीर हैं कि जीवन में उत्सव और आनंद मना सकें। यह संभवत: हमारी सामाजिक प्रतिबद्धताओं और प्रचलित परंपराओं का परिणाम है। आनंदित हो सकने की पूर्व-योग्यता, संस्कृति एवं पर्यावरण का एक घटक है, जो बदले में किसी समाज के भूगोल और इतिहास से उत्पन्न होती है। इसका अर्थ यह नहीं है कि अनावश्यक हँसी प्रसन्नता का कोई माप है। परंतु, आनंद के मुक्त एवं तत्क्षण अभिव्यक्ति के लिए अंतर्निहित प्रतिरोध प्रसन्नता के विस्तार को बाधित करता है, जिसे अवश्य अस्वीकृत किया जाना चाहिए।

जीवनोत्सव को बाह्य दबावों के आगे घुटने नहीं टेकने चाहिए। कोई किसी भी क्षण जीवन का उत्सव मना सकता है। इसके लिए केवल सही भावना, झुकाव और एक सचेतन विनिश्चय की आवश्यकता होती है। जब हम जीवन का उत्सव मनाते हैं तो आनंद और प्रसन्नता स्वयमेव सतत प्रवहमान हो उठते हैं।

किसी को भी विपरीत स्थितियों से घबराकर उत्सव का आयोजन स्थगित नहीं करना चाहिए, क्योंकि जीवन में आदर्श स्थितियाँ कभी नहीं होती हैं। यदि हम आदर्श स्थितियों की प्रतीक्षा में उत्सवों को स्थगित करते रहेंगे तो यही हमारी

जीवन-शैली बन जाएगी और हम, एक स्वत: हरानेवाले दुष्चक्र में उलझकर रह जाएँगे।

बर्टेंड रसेल ने अपनी पुस्तक में उल्लेख किया है कि जब वे काफी घने जंगलों में रहनेवाले एक आदिवासी समूह से मिले और जीवन को उत्सवमय होकर जीने की उनकी ललक को देखा तो उन्होंने स्वयं को अत्यंत ईर्ष्यालु और हीन महसूस किया। वे लोग पूरी रात नाचे और फिर उसी नृत्य-भूमि पर गहरी नींद सो गए और अगली सुबह फिर से वापस अपने काम पर लग गए। उन्होंने सारे दिन काम किया और शाम होते ही वे फिर आनंद एवं उत्साह से परिपूर्ण हो उत्सव नाच और मौज-मस्ती के लिए तैयार थे। यद्यपि उनके मुकुट सोने या चाँदी के न होकर सिर्फ लोहे के थे; पर अपने फूलों और पत्तियों में मग्न समूह का हर पुरुष, एक राजा की तरह व्यवहार कर रहा था और हर स्त्री उस रात एक रानी थी।

मूल अभिप्राय यह है कि जीवन में प्रसन्नता के लिंए एक सकारात्मक एवं उत्सवी मनोभाव, उमंग से भरपूर जीवन-दृष्टि तथा स्वयं आनंदित रहते हुए दूसरों को आनंद से सराबोर कर देने की प्रवृत्ति परम आवश्यक है। □

> **"सबको प्रसन्नता चाहिए; कोई कष्ट उठाना नहीं चाहता है।''एक सही-संतुलित चित्त अत्यंत लाभप्रद है और हमें स्थिर मानसिक स्थिति प्रयास करके प्राप्त करनी चाहिए।"**
>
> *—दलाई लामा*

“समाज में मनुष्य की स्थिति अपनी डाली पर खिले फूल की तरह है। यहीं इसके समस्त गुण पूर्ण विस्तार प्राप्त करते हैं, चमकते हैं और अपनी सही उपयोगिता को प्राप्त होते हैं।”

—काउपर

अध्याय 5

सामाजिक संपर्क एवं प्रसन्नता

"समाज में मनुष्य की स्थिति अपनी डाली पर खिले फूल की तरह है। यहीं इसके समस्त गुण पूर्ण विस्तार प्राप्त करते हैं, चमकते हैं और अपनी सही उपयोगिता को प्राप्त होते हैं।"

—काउपर

भारतीय समाज अपने बाह्य कलेवर में आधारभूत रूप से वंश-परंपरा वाला है और यह सामाजिक जीवन को पारिवारिक जीवन का ही विस्तार मानता है। एक प्रकार से यह लक्षण जनजातीय समाजों का है और इसमें सही अर्थों में सामाजिक मेल-जोल की संभावना बहुत कम रहती है। यह जिंदगी की गुणवत्ता और जीवन दर्शन तक को प्रभावित करता है। सार्थक मेल-जोल के अभाव में सिर्फ गप को करता श्रय मिलता है और टेलीविजन, फिल्में तथा कॉकटेल पार्टियाँ ही मनोरंजन के अकेले साधन बच जाते हैं। ये सब केवल सतही तौर पर ही हमारा ध्यान बँटाते हैं और इनसे सार्थक, सम्यक् सामाजिक मेल-मिलाप और पारस्परिक संबंध स्थापित नहीं हो पाता है।

ऐसे सतही सामाजिक जमावड़ों में लोगों में अपने पद और कारोबार के दिखावे की होड़-सी लगी रहती है, जिससे उपजी हेकड़ी और बड़बोलापन बहुत

ही अप्रिय होता है। इन दिनों समाज का आम चलन, किसी आदमी का मूल्यांकन एक व्यक्ति के तौर पर करने का नहीं, अपितु उसकी सांसारिक उपलब्धियों के आधार पर करने का है। इन सब बातों ने सामाजिक मेल-मिलापों को काफी नीरस तथा उबाऊ बना दिया है।

नीरद सी. चौधरी अपनी प्रसिद्ध पुस्तक 'टू लिव ऑर नॉट टू लिव' में बताते हैं कि भारत में आयु बढ़ने के बावजूद किसी व्यक्ति में जीवन-मूल्यों के प्रति उसकी समझ मुश्किल से ही बढ़ती है। वह लिखते हैं कि जब भी वह भारत में किसी सफल व्यक्ति से मिले और उससे पूछा कि उसके जीवन की उपलब्धियाँ क्या हैं, तो हर बार बिना बदले सबके उत्तर उनके अधिकारिक पद और व्यवसाय से ही संबंधित रहे।

किसी व्यक्ति का सही मोल उसकी मुख्य अभिरुचियों और तत्संबंधी उसके क्रिया-कलापों से आँका जाना चाहिए; क्योंकि यही जीवन की गुणवत्ता बढ़ाता है और जीवन को गुरुता प्रदान करता है।

> *अपरीक्षित जीवन कभी प्रसन्नता नहीं देता।*

बहुत से लोग भौतिक उपलब्धियों को ही जीवन का एकमेव लक्ष्य मानते हैं; जबकि बहुत से अन्य जी लेने भर को ही जीवन का पुरस्कार समझते हैं। बस, यही सबकुछ है। जीवन और जीवित रहने की उनकी अवधारणा एक सतही स्तर तक सीमित है। बहुत से लोग जीविका को ही जीवन जीना समझने का भ्रम पालते हैं। हमारे समाज में इन स्थितियों का मुख्य कारण यह है कि हम जीवन का मूल्य नहीं समझते, बल्कि इसे अनायास-प्राप्त मान लेते हैं। हम अपनी जीवन-शैली का बिना परीक्षण और मूल्यांकन किए ही बस जिए चले जाते हैं।

हमारी जीवन-शैली परंपराओं और प्राधिकारों पर आधारित होती है। यद्यपि प्रत्येक युग अपने आलोचक और विरोधी भी पैदा करता है, पर यह एक नियम न होकर अपवाद ही अधिक रहा है। परंपराओं के प्रति अविचल श्रद्धा सर्वाधिक प्रभावी सूत्र रहा है और हमारी सभ्यता का यही अनालोचनात्मक स्वभाव जीवन के प्रति हमारे दृष्टिकोण तथा हमारे आचरण को प्रभावित करता है।

एक और पहलू, जो जीवन की गुणवत्ता को प्रभावित करता है, वह है रुचिकर और अच्छे लोगों के साथ मेल-मिलाप का अवसर, जहाँ आपको सहजता

और प्रसन्नता का अनुभव होता है। इसके लिए एक निश्चित प्रकार के वातावरण की आवश्यकता होती है। शहरीकरण के द्रुत विकास एवं नगरीय केंद्रों में जनसंख्या के अत्यधिक जमाव ने प्राय: असंगठित और निष्प्राण समाजों को ही जन्म दिया है।

यह सामान्यतया देखने में आता है कि परिष्कृत सामाजिक जीवन और सौम्य तथा विनम्रतापूर्ण व्यवहार-शैली, जिनका ऐतिहासिक रूप से संबंध नगरीय समाजों के साथ है, अब बहुत दुर्लभ हो गया है। अस्तित्व हेतु संघर्ष तथा 'योग्यतम की उत्तरजीविता' की प्रभावी संस्कृति ने समृद्धि के सृजन में भले ही योगदान किया हो, परंतु इसने सामाजिक वातावरण को नुकसान ही पहुँचाया है।

वास्तव में, सुरुचिपूर्ण सामाजिक जीवन सार्थक जीवन का अनिवार्य तत्त्व है। सामाजिक जीवन अलग-अलग व्यक्तित्व-गुणों तथा शैक्षणिक एवं सांस्कृतिक पृष्ठभूमि के लोगों से निर्मित जन-धाराओं के प्रवाह एवं संगम के प्रकटीकरण के अतिरिक्त और कुछ नहीं है। यह विचारों और भावनाओं के आदान-प्रदान को आगे बढ़ाता है, जिसकी परिणति सार्थक संबंधों एवं समन्वय में होती है।

सामाजिक उत्सव वे अवसर होते हैं, जब आप नए लोगों से मिल सकते हैं, उनके साथ सामाजिक संबंध बना सकते हैं और अपने स्वयं के विकास के लिए सूत्र भी प्राप्त कर सकते हैं। उपर्युक्त के अतिरिक्त प्रचलित फैशन के चलन, समाज के रीति-रिवाज तथा सामान्य शिष्टाचार, एक बुद्धिमान और गहन दृष्टिवाले व्यक्ति को पर्याप्त अभिदर्शन भी प्रदान करते हैं। इसीलिए सम्यक् सामाजिक समूहों की आवश्यकता जीवन में प्रसन्नता हेतु अत्यंत महत्त्वपूर्ण एवं निर्णायक भूमिका अदा करती हैं।

सार्थक सामाजिक जीवन के विकसित होने में एक अन्य महत्त्वपूर्ण कारक परस्पर मेल-जोल की शैली और उसकी विषय-वस्तु है। यह एक बहुत बड़ी कला है, जो न केवल किसी व्यक्ति की स्वीकार्यता एवं जनप्रियता बढ़ाती है, बल्कि संबंधित व्यक्ति के प्रतिष्ठा एवं सम्मान में भी अभिवृद्धि करती है। अतएव समाज में सार्वभौम प्रसन्नता तथा सौहार्दपूर्ण वातावरण के लिए मैत्रीपूर्ण एवं बौद्धिक रूप से संवृद्धिकारक सामाजिक मेल-जोल अत्यंत महत्त्वपूर्ण है। इसका परिणाम समाज के सदस्यों के वैयक्तिक व्यवहार का समेकित योग होता है और यह समाज में संपन्नता एवं सौम्यता की अभिवृद्धि करता है।

> *रुचिकर सामाजिक जीवन प्रसन्नता का प्राणतत्त्व है।*

हमारे समाज में सम्यक् मेल-जोल में व्यवधान बननेवाला एक और विशिष्ट कारण किसी भी सामाजिक आयोजन में स्त्रियों एवं पुरुषों का अलग-थलग रहना भी है। यदि महिलाएँ भाग लेती भी हैं तो भी उनके बीच मेल-जोल केवल औपचारिकता भर होता है।

आज महिलाएँ पढ़ी-लिखी हैं और पुरुषों के बराबर हैं। लेकिन उनके बीच वास्तविक अर्थों में संवाद अभी भी हमारे समाज में प्रचलित नहीं है। बराबरी की अनेक घोषणाओं के बावजूद किसी भी आयोजन में स्त्रियों और पुरुषों के बीच परस्पर मेल-जोल अत्यंत सीमित है। यह एक ऐसा क्षेत्र है, जिसके पनपने की और जिसमें सुधार की आवश्यकता है, ताकि हमारा सामाजिक जीवन ज्यादा सुरुचिपूर्ण और आनंददायक हो सके।

किंतु अब साक्षरता में वृद्धि तथा भूमंडलीकरण विशेषकर फिल्म, टेलीविजन एवं सूचना-तकनीक आधारित सेवाओं में क्रान्ति के प्रभाव के साथ पूरे परिदृश्य में बेहतरी की ओर बदलाव हो रहा है। छोटे नगरों एवं ग्रामीण क्षेत्रों तक में सामाजिक आयोजनों में स्त्रियों और पुरुषों के बीच मिलने-जुलने की प्रवृत्ति बढ़ रही है।

वस्तुत: सामाजिक जीवन समान विचारवाले लोगों के मध्य परस्पर संवाद एवं व्यवहार के अलावा और कुछ नहीं है। अत: जीवन को परिपूर्ण बनाने के लिए सामाजिक आयोजनों में भाग लेना आवश्यक है, जहाँ हमें विभिन्न रुचियों एवं अभिरुचियों के व्यक्तियों से मिलने का अवसर प्राप्त होता है।

ऐसे अवसर भी होते हैं, जब हम सामाजिक मेल-मिलाप, परंपरा और सामाजिक बाध्यताओं के हिस्से बन जाते हैं। ऐसे अवसरों पर हमें सतर्क रहना चाहिए। क्योंकि सामाजिक संबंधों को पारस्परिक सुविधाओं एवं प्रसन्नता का स्रोत होना चाहिए तथा इन्हें कदापि कष्ट का कारण नहीं बनने देना चाहिए। तथापि हमें ऐसे आयोजनों में अवश्य हिस्सा लेना चाहिए, क्योंकि इनमें सामान्यतया अनुपस्थिति, आलोचना और उपहास को दावत देती है। इसके विपरीत सहभागिता सामाजिक स्वीकार्यता को बढ़ाती है और जुड़ाव का अहसास देती है। अगर कोई, अपना व्यवहार सही ढंग से निभा ले जाए तो इससे उसे लोगों की सराहना और बेहतर प्रत्युत्तर भी मिल सकता है।

> ***सामाजिक-जीवन समान विचारवाले लोगों के मध्य संवाद के अलावा और कुछ नहीं है।***

अनचाहे सामाजिक मेल-मिलाप से बचने के लिए जब और जैसी आवश्यकता हो, इस विकल्प से बहिर्गमन हेतु भी तैयार रहना चाहिए। आपको अपने लिए एक स्वीकार्य सीमा तय कर लेनी चाहिए और कभी भी स्वयं को सामाजिक जंजाल में मात्र इस भय से नहीं फँसा लेना चाहिए कि दूसरे लोग आहत न हो जाएँ या आप अकेले न पड़ जाएँ।

सामाजिक मेल-जोल में अत्यधिक चयनशील होना जीवन में प्रसन्नता का एक महत्त्वपूर्ण पक्ष है। समान विचारवाले समूहों से सीमित संपर्क कभी-कभी अधिक लाभप्रद होता है। अंततोगत्वा आपको प्रसन्नता अपने भीतर से प्राप्त करनी होती है और इसके लिए दूसरों पर निर्भर नहीं होना चाहिए। यदि कोई निज अंत:करण से प्रसन्न नहीं है तो वह किसी भी संसर्ग से न तो कभी प्रसन्नता प्राप्त कर सकता है और न ही दूसरों को प्रसन्न कर सकता है।

सामाजिक मेल-जोल और संबंधों को पनपाने का मूल मंत्र यही है कि, आप उन्हीं लोगों के साथ उठें-बैठें, जिनके साथ सहजता और उत्साह का अनुभव हो, और जिनकी रुचियाँ, स्वभाव व प्रवृत्तियाँ समान हों।

□

"सामाजिक संसर्गों से जीवन में उच्चतर स्तर की आनंदानुभूति होती है, जहाँ भावनाओं का मुक्त आदान-प्रदान होता है, मस्तिष्क नए विचार ग्रहण करता है और अपनी शक्तियों के सतत अभ्यास से विवेक को नई ओजस्विता मिलती है।"

—एडिसन

"वे परिवार सुखी होते हैं, जहाँ माता-पिता का शासन स्नेह का साम्राज्य होता है और बच्चों की आज्ञाकारिता प्रेमपूर्ण समर्पण।"

—एच. डब्ल्यू. बीकर

अध्याय 6

परिवार : प्रसन्नता का सतत स्रोत

"वे परिवार सुखी होते हैं, जहाँ माता-पिता का शासन स्नेह का साम्राज्य होता है और बच्चों की आज्ञाकारिता प्रेमपूर्ण समर्पण।"

—एच. डब्ल्यू. बीकर

परिवार की अवधारणा सभ्यता के उदय-काल से ही अस्तित्व में है और इसे समाज का आधार-स्तंभ माना जाता रहा है। यह सामाजिक संरचना की आधारभूत इकाई है। वास्तव में परिवार को एक सार्वभौम सामाजिक संस्थान एवं मानव समाज के एक अपरिहार्य घटक के रूप में स्वीकार किया जाता है।

जॉर्ज पीटर मरडॉक ने छोटे जनजातीय समूहों से लेकर उच्च विकसित औद्योगिक समाजों तक के 250 समाजों में परिवार-संस्थान का परीक्षण किया है और इस निष्कर्ष पर पहुँचे हैं कि प्रत्येक समाज में परिवार रूपी संस्थान अस्तित्व में है और यह एक सार्वभौम तथ्य है।

साथ-साथ रहना अपने संसाधनों को एक जगह इकट्ठा करना, समान उद्देश्यों के लिए मिलकर कार्य करना और संतानोत्पत्ति करना—परिवार-संस्था के अनिवार्य तत्त्व हैं। विभिन्न समाजों में पारिवारिक संरचना भिन्न-भिन्न होती है। सबसे छोटी पारिवारिक इकाई को एकल या नाभिकीय परिवार कहा जाता है, जिसमें

सामान्यतया एक पुरुष सदस्य, उसकी पत्नी और उनकी संतानें होती हैं।

बड़ी पारिवारिक इकाइयों को विस्तारित या संयुक्त परिवार कहते हैं। ऐसे परिवार मूल नाभिकीय परिवारों के फैलाव होते हैं—चाहे ऊपर से नीचे की ओर, अर्थात् तीसरी पीढ़ी तक के सदस्यों, उदाहरणार्थ पति या पत्नी के माता-पिता को भी शामिल करके या फिर क्षैतिज अर्थात् उसी पीढ़ी के साथ-साथ रहनेवाले सभी भाइयों और बहनों को मिलाकर।

किसी समाज में परिवार द्वारा चार मूल कृत्य संपादित होते हैं—शिक्षा, अर्थ, काम एवं संतानोत्पत्ति। सामाजिक जीवन के अस्तित्व एवं विकास के लिए ये कृत्य अपरिहार्य हैं। संतानोत्पत्ति एवं आर्थिक कार्य-कलापों के बिना सामाजिक जीवन का अस्तित्व ही संभव नहीं है और इसी प्रकार शिक्षा तथा संस्कार के अभाव में, समाज सही ढंग से परिचालित नहीं हो सकता। परिवार एक बहुआयामी संस्था है और इसका कोई विकल्प नहीं है।

नाभिकीय परिवार पूरी तरह से केवल अपने संसाधनों पर निर्भर होते हैं और उनकी दशा एक अतिभारित विद्युत् परिपथ जैसी होती है। इसके हर सदस्य से, परिवार, समाज तथा परिवेश अनेक अपेक्षाएँ रखता है, जिनकी पूर्ति करना अत्यंत कठिन होता है। इस परिपथ का 'फ़्यूज' उड़ जाने की संभावना अति प्रबल होती है क्योंकि एकाकी होने के कारण परिवार के हर सदस्य की एक-दूसरे से भी बहुत ज्यादा अपेक्षाएँ होती हैं।

उपर्युक्त स्थिति प्रथम दृष्टया एक सामान्य, प्रसन्न एवं संतुलित जीवन के अनुकूल प्रतीत नहीं होती है। पर यह एक स्थिति-विशेष है। परिवार-प्रणाली का क्रमिक विकास सैकड़ों वर्षों में हुआ है। और तमाम दबावों एवं तनावों के बावजूद यह प्रणाली परिवार के प्रत्येक सदस्य के विकास तथा प्रसन्नता के लिए पर्याप्त अवसर एवं संभावना प्रदान करती है। वास्तव में, न केवल प्रत्येक परिवार अपितु संपूर्ण समाज में एक सार्थक तथा आनंदमय जीवन के लिए उपलब्ध वैकल्पिक प्रणालियों में परिवार-प्रणाली ही एकमात्र आशा की किरण है।

> *परिवार रूपी संस्था ही एकमात्र आशा है।*

बहुत से विद्वान तर्क देते हैं कि आधुनिक समाज में परिवार संस्था ने अपने कई मूलभूत कृत्यों को छोड़ दिया है। परंतु फिर भी, परिवार का महत्त्व कम नहीं

हुआ है। वास्तव में इसका श्रेय परिवार प्रणाली की अंतर्निहित शक्ति को जाता है कि इसने आधुनिक समाज की आवश्यकताओं एवं अपेक्षाओं के अनुरूप स्वयं को ढाल लिया है और लगातार ढालती जा रही है। यह अभी भी मानव अस्तित्व की एक जीवंत तथा महत्त्वपूर्ण संस्था बनी हुई है।

प्रसन्नता पूर्ण अस्तित्व के लिए अपने वैयक्तिक जीवन-दर्शन के अतिरिक्त सर्वाधिक महत्त्वपूर्ण घटक आपका अपना निजी परिवार तथा परिवार के सदस्यों के साथ आपके संबंधों की 'केमिस्ट्री' होती है। स्पष्ट है कि सुखी पारिवारिक जीवन के बिना किसी प्रकार की संतुष्टि अथवा आनंद संभव नहीं है।

> *सुखीपरिवार के बिना प्रसन्नता एक दूरस्थ स्वप्न मात्र है।*

परिवार मानवीय उद्यम का मूल कारण तथा सर्वाधिक महत्त्वपूर्ण केंद्र-बिंदु है। परंतु इस समय हमारे समाज में परिवार का परिदृश्य एक संक्रमण काल से गुजर रहा है। आज पारिवारिक जीवन कुल मिलाकर बहुत आह्लादमय एवं सरस नहीं है, बल्कि शनैः-शनैः अधिकाधिक खीझ एवं अप्रसन्नता का स्रोत बनता जा रहा है। पहले पारिवारिक जीवन का तात्पर्य संयुक्त परिवार होता था; पर अब ज्यादातर इसका अर्थ एकल परिवार ही होता है। हमारे समाज में आज भी बच्चे जब तक अपनी शिक्षा न समाप्त कर लें, व्यवसाय में न लग जाएँ और अपना स्वयं का परिवार न बसा लें तब तक पूरी तरह परिवार के ही अंग होते हैं।

हमारे समाज में परंपरागत रूप से परिवार-संस्था एक बहुप्रशंसित संस्था रही है तथा यह धर्म, अर्थ, काम एवं मोक्ष के चार मुख्य उद्देश्यों की प्राप्ति हेतु आधारभूत इकाई मानी जाती थी। अर्थात् मानवीय इच्छाओं की संपूर्ति, आध्यात्मिक उन्नति तथा समस्त सांसारिक उपलब्धियाँ, परिवार संस्था की चारदीवारी के भीतर ही और परिवार के सदस्यों के सहयोग से प्राप्य मानी जाती थीं।

पहले संयुक्त परिवार का अस्तित्व एक सामान्य नियम था, पर अब, यह न्यूनाधिक एक अपवाद-स्वरूप है। संयुक्त परिवार की अवधारणा एक परिपूर्ण जीवन तथा वातावरण की सृष्टि में सहायक थी, जिसमें बच्चे न केवल सहयोग, सहअस्तित्व एवं शालीन आचरण के प्रारंभिक पाठ पढ़ते थे बल्कि उदार-हृदयी बनना तथा परिवार के अन्य सदस्यों के लिए अपने सुखों का बलिदान करना भी सीखते थे।

वास्तव में, संयुक्त परिवार-प्रणाली किसी भी परिस्थिति में परिवार के अन्य व्यक्तियों के साथ मिल बाँटने, सहभागिता एवं समन्वय करने की महान् सीख देती थी। इसके अतिरिक्त उत्सवों, विवाह समारोहों एवं अन्य अवसरों पर तीन-चार सदस्यीय परिवारों की तुलना में आप कहीं अधिक आनंद उठा सकते थे। यह एक वृहत् सामाजिक सुरक्षा तंत्र भी था, जैसे कि किसी दु:खांत संभाव्यता पर सदैव अन्य पारिवारिक सदस्य मौजूद होते थे, जो कि बचे हुए सदस्यों की सुरक्षा, संरक्षा एवं अन्य मूलभूत आवश्यकताओं पर ध्यान दे सकें।

फलत: संयुक्त परिवार प्रणाली दो या तीन पीढ़ियों को साथ-साथ रहने का अवसर प्रदान करती थी। इस प्रणाली के बहुत से लाभ थे, पर यह वैयक्तिक विकास को बाधित करती थी और परिवार के सदस्यों की आपसी ईर्ष्या एवं कलह के कारण प्राय: संघर्ष को जन्म देती थी। यही कारण है कि एकल परिवार प्रणाली ने नगरीय परिदृश्य में प्रमुखता प्राप्त कर ली।

नौजवान पीढ़ी एकल परिवार को बेहतर मानती है।

पर अभी भी, संयुक्त परिवार प्रणाली पूर्णतया अग्राह्य नहीं हुई है। इन दिनों देखा जा रहा है कि बढ़ते आर्थिक दबाव एवं बेहतर जीवन जीने की चाह के कारण—विशेषतया उन परिवारों में, जहाँ पति-पत्नी दोनों कमाते हैं—संयुक्त परिवार प्रणाली की पुनर्प्रतिष्ठा होने लगी है। यह सुरक्षा एवं संरक्षा के पहलुओं का ध्यान रखती है और साथ ही बड़ों तथा बच्चों को समान रूप से स्वस्थ वातावरण भी प्रदान करती है।

परंतु यह निष्कर्ष निकालना कठिन है कि एकल अथवा संयुक्त परिवार प्रणालियों में से प्रसन्नता सुनिश्चित करने में कौन अधिक प्रभावशाली है। प्रसन्नता की प्रबलता परिवार प्रणाली के प्रकार मात्र पर ही निर्भर नहीं होती है, अपितु यह संबंधित परिवारों के लालन-पालन, आर्थिक एवं सामाजिक स्तर तथा लक्ष्यों एवं उद्देश्यों पर निर्भर है। आज अधिकांश लोग, विशेषकर नई पीढ़ी के नौजवान, एकल परिवार व्यवस्था को श्रेष्ठकर मानते हैं; क्योंकि यह परिवार के सदस्यों को स्वयं के विकास एवं उन्नति की स्वतंत्रता एवं 'स्पेस' देता है।

खलील जिब्रान भी संबंधों में 'स्पेस' की आवश्यकता को रेखांकित करते हैं—

"पर, अंतराल हो तुम्हारे साहचर्य में।
और, तुम्हारे बीच में नाचें जन्नत की हवाएँ।
प्यार करो एक दूजे को, पर न बनाओ प्यार को बेड़ी।
होने दो इसे अपनी आत्माओं के तटों के बीच लहराता सागर।
भरो एक-दूजे का प्याला, पर एक ही प्याले से मत पियो।"

प्रसन्नता की अभिवृद्धि और परिवार की भलाई की भावना हेतु एक संस्था के रूप में परिवार की भूमिका को विश्वव्यापी स्वीकृति प्राप्त है। केवल इजराइल में 'कीबुत्स' का उदाहरण ही परिवार संस्था के विकल्प के रूप में पाया जाता है। कहा जाता है कि इजराइल की लगभग 4 प्रतिशत जनसंख्या 240 कीबुत्स बस्तियों में रहती है। इस संस्था में कीबुत्स के सदस्यों की समस्त परिसंपत्तियों पर सामूहिक स्वामित्व होता है। यह समूह मुख्यतः कृषक होता है, पर कतिपय छोटे उद्योग-धंधे भी करता है।

यह बहुत विस्मयकारी व्यवस्था है। कीबुत्स में परिवार का उद्‍भव कई आर्थिक एवं वैचारिक कारणों से हुआ है। कीबुत्स की विचारधारा लैंगिक समानता को स्वीकार करती है और माता-पिता की भूमिका की पारंपरिक परिपाटी को नकारती है। इसमें परंपरागत 'यहूदी माता' अर्थात् अन्यथा प्रचलित परिवार व्यवस्था के अतिरक्षाकारिणी यहूदी माँ के विरुद्ध तीव्र प्रतिक्रिया विद्यमान है। इस व्यवस्था में विवाह एक पत्नीवादी होते हैं। परंतु बच्चे माँ-बाप के साथ उसी घर में नहीं रहते हैं। वे सामुदायिक शयनशालाओं में रहते हैं और उनका लालन-पालन बाल-प्रभारियों अथवा बाल-शिक्षकों द्वारा किया जाता है। वे इन्हीं शयनशालाओं में खाते-पीते और सोते हैं तथा अपने अधिकांश रात्रि-दिवस माता-पिता से दूर रहकर बिताते हैं।

इस बात में तनिक भी संदेह नहीं है कि प्रसन्न एवं आनंदमय अस्तित्व के लिए परिवार रूपी संस्था अत्यंत सहायक है। परंतु यह वातावरण तथा परिवार के सदस्यों के सहयोग पर निर्भर है। प्राचीन धर्मग्रंथों में निर्देशित धर्म, अर्थ, काम एवं मोक्ष के उद्‍देश्यों को पूर्ण करने के लिए परिवार में एक सकारात्मक वातावरण होना चाहिए, जो परिवार के सदस्यों के बीच आपसी सहयोग तथा समझ-बूझ बढ़ाती हो। पारिवारिक वातावरण ऐसा होना चाहिए जो, प्रत्येक सदस्य को परिवार के लक्ष्यों एवं उद्‍देश्यों में सहभागिता हेतु प्रेरित करे।

परिवार की प्रसन्नता के लिए जीवंतता अति आवश्यक है। एक भी सदस्य में जीवंतता का अभाव परिवार के समूचे वातावरण को विपरीत ढंग से प्रभावित कर सकता है। परंतु इस बात का श्रेय भी परिवार व्यवस्था को ही जाता है कि परिवार का एक भी उच्च-आवेशित तथा अति सक्रिय सदस्य पारिवारिक वातावरण को विद्युन्मय कर सकता है और इसे शांति, समृद्धि प्रसन्नता की ओर ले जा सकता है। वह समूह के नेतृत्वकर्ता प्रकाश का कार्य करता है और परिवार-रूपी जहाज का कप्तान सिद्ध होता है।

> **परिवार की प्रसन्नता के लिए जीवंतता अति आवश्यक है।**

इन स्थितियों में यदि परिवार के अन्य सदस्य उत्साह-सृजन में सक्षम होते हैं और अपनी भूमिकाएँ उत्तरदायित्वपूर्ण ढंग से निभाते हैं, तो यह जहाज न केवल तूफान का सामना कर सकता है और लंबी दूरियाँ तय कर सकता है बल्कि नए द्वीपों तक पहुँचने के भी योग्य हो सकता है और अपने लिए नई दुनिया भी तलाश सकता है।

प्रसन्न एवं सफल परिवार का एक अन्य महत्त्वपूर्ण गुण परिवार में उत्साह एवं गत्यात्मकता की व्यापकता है। प्रत्येक सदस्य के लिए पर्याप्त संभावना या 'स्पेस' होना चाहिए। समृद्ध एवं उच्च-प्राणवान सदस्यों तथा अपेक्षाकृत नम्र एवं शांत सदस्यों को परस्पर संबंध-स्थापन के योग्य होना चाहिए और समान महत्त्व का आनंद उठाना चाहिए। सक्रिय सदस्यों को स्वयं पूरे परिदृश्य पर छा जाने का यत्न कभी नहीं करना चाहिए। दोनों ही तरह के लोगों को प्रसन्नतापूर्वक साथ-साथ रहने के लिए आपस में सामंजस्य बिठाना तथा एक-दूसरे की भूमिका को ठीक-ठीक समझना आवश्यक है। वस्तुतः समायोजन एवं सहअस्तित्व की यही भावना किसी परिवार की प्रसन्नता एवं सफलता का सार है।

> **समायोजन एवं सहअस्तित्व की भावना परिवार की प्रसन्नता एवं सफलता का सार है।**

यह स्पष्ट है कि जीवित रहने एवं जीवित रहने देने की तथा साथ-साथ समूह के रूप में आनंदित होने की इच्छा ही एक प्रसन्न एवं सफल परिवार होने की अनिवार्य शर्त है। यह प्रेम, स्नेह एवं साहचर्य का एक ऐसा चुंबकीय क्षेत्र सृजित करती है, जहाँ ऐसे परिवार के लिए कोई भी लक्ष्य बहुत ऊँचा और कोई भी मंजिल

अप्राप्य नहीं रह जाती। परंतु आधारभूत सिद्धांत यही है कि समूह के सर्वांगीण हित को दृष्टिगत रखते हुए परिवार के प्रत्येक सदस्य को मूर्त अथवा अमूर्त प्रयासों के रूप में अपना सर्वश्रेष्ठ योगदान करना होता है।

गोस्वामी तुलसीदासजी ने अपने महाकाव्य 'श्रीरामचरितमानस' की निम्न पंक्तियों में परिवार की प्रसन्नता तथा भलाई के लिए समन्वयात्मक सुबुद्धि या 'सुमति' के महत्त्व पर जोर दिया है—

''जहाँ सुमति तहँ संपति नाना।
जहाँ कुमति तहँ बिपति निदाना॥''

(श्रीरामचरितमानस, सुंदरकांड)

(जहाँ सुबुद्धि है, वहाँ नाना प्रकार की संपदाएँ रहती हैं और जहाँ कुबुद्धि है, वहाँ परिणाम में विपत्ति रहती है।)

प्रसन्न एवं संतुलित परिवार के लिए एक अन्य महत्त्वपूर्ण पक्ष अनुशासन तथा सुव्यवस्था की आवश्यकता है, जिससे कि प्रत्येक व्यक्ति अपनी योग्यता के अनुरूप योगदान दे सके तथा अपनी अपेक्षाओं एवं आवश्यकताओं के अनुसार लाभ ले सके। प्रत्येक सदस्य को परिवार के मुखिया के साथ सहयोग करने के लिए, सदैव तत्पर रहने की आवश्यकता होती है। अन्यथा परिवार में अव्यवस्था की स्थिति उत्पन्न हो जाती है, जो विसंगति और अप्रसन्नता की ओर ले जाती है।

किसी प्राचीन धर्मग्रंथ की निम्न पंक्तियाँ किसी समूह, संस्था अथवा संगठन की सफलता का सार तत्त्व दर्शाती हैं—

''यत्र बहवः नेतृः सर्वे पण्डित मानिनः।
सर्वे महत्त्वं इच्छन्ति तद् वृंदम् अवसीदति॥''

(जहाँ बहुत से नेता होते हैं और सभी स्वयं को ज्ञानी तथा महान् समझते हैं और सभी महत्त्व चाहते हैं, वह समूह शीघ्र अवसान को प्राप्त होता है।)

प्रसन्न पारिवारिक जीवन के लिए एक अन्य पूर्वापेक्षा सदस्यों द्वारा कला एवं संस्कृति के किसी भी पक्ष में गहरी अभिरुचि का संवर्द्धन है। इस प्रकार के चुंबकीय अभिरुचि से जुड़ा हुआ परिवार कभी अप्रसन्न नहीं हो सकता। वास्तव में, अभिरुचि

एवं उत्साह अंतर्संबंधित हैं और उनमें कार्य-कारण का पारस्परिक संबंध है। एक जैसी रुचियाँ और प्रवृत्तियाँ जिंदगी के वे कारक हैं, जो पारिवारिक जीवन को जीवंत एवं रुचिकर बनाने में सक्रिय भूमिका निभाते हैं।

बौद्धिक संधानों, यथा कला, संगीत एवं साहित्य की ओर परिवार की रुझान समाज की संपुष्टि में प्रचुरता से योगदान करती है और संस्कृति तथा सभ्यता के विकास को संवर्द्धित करती है। इस प्रकार के संधान न केवल परिवार के जीवन को पूर्णत: आवेशित करने में सहायक हैं अपितु इसके सदस्यों के मन में जीवन के सूक्ष्मतर पक्षों के प्रति संवेदनशीलता भी जगाते हैं। ऐसे परिवेश में अपने रचनात्मक विकासवाले वर्षों में बच्चे उत्तम जीवन-संकेतों को ग्रहण करते हैं और कालक्रम में परिवार के व्यापक आनंद एवं प्रसन्नता में अत्यंत सहायक होते हैं।

परिवार का एक सकारात्मक एवं प्रभावी रुझान होना आवश्यक है। परिवार का यह रुझान तमाम कारकों—नैतिक, बौद्धिक, भावनात्मक, आध्यात्मिक तथा सौंदर्य-बोधात्मक आदि से निर्मित होती है, जिससे परिवार को एक सुनिश्चित पहचान एवं अनन्य व्यक्तित्व मिलता है।

एकरूपता सुनिश्चित करने के लिए परिवार में परस्पर विरोधी रुझान नहीं होना चाहिए। इसका अर्थ है कि यदि किसी परिवार में सितार बजाने की परंपरा है तों बच्चों को भी इस अभिरुचि का अनुसरण करना चाहिए। इससे परिवार में सामंजस्य रहता है एवं अच्छे संबंधों की 'केमिस्ट्री' बनी रहती है।

यद्यपि, बदलती हुई प्रवृत्तियों और मानव-जीवन के सर्वोच्च लक्ष्य को ध्यान में रखते हुए—अपने स्वप्नों एवं अभिरुचियों के अनुरूप अपनी क्षमता विकसित करने के परिप्रेक्ष्य में—उपर्युक्त अनिवार्यता की कठोरतापूर्वक संस्तुति नहीं की जा सकती। प्रत्येक व्यक्ति को विकल्प मिलना चाहिए कि वह सितार सीखे या कुछ और। तथापि, एक सुसंस्कृत परिवार के लिए कलात्मक एवं सांस्कृतिक अभिरुचियाँ विकसित करने का महत्त्व सर्वोपरि होता है। यह सुस्पष्ट है कि प्रसन्नता-प्राप्ति हेतु संतुलित तथा सामंजस्यपूर्ण पारिवारिक जीवन का अस्तित्व नितांत आवश्यक है। साथ ही, प्रत्येक सदस्य को अपनी रुचि एवं क्षमता के अनुसार जीवन जीने के लिए पर्याप्त 'स्पेस' भी अवश्य मिलना चाहिए।

प्रत्येक सदस्य के लिए पर्याप्त स्पेस आवश्यक है।

माता–पिता जिसे स्वयं उचित व्यवहार मानते हैं, वही व्यवहार अपने बच्चों द्वारा कराए जाने की उनकी इच्छा एक प्राय: अवलोकित तथ्य है। हर माता–पिता में अपने बच्चों को अपनी सजीव प्रतिकृति बनाने की एक सामान्य प्रवृत्ति होती है। यह न केवल बच्चे की मनोवृत्ति पर भीषण दबाव डालती है, बल्कि परिवार में संघर्ष का बीजारोपण भी कर देती है। अत: समग्र प्रसन्नता के लिए यह आवश्यक है कि बच्चे को यथोचित मार्गदर्शन तथा माँ–बाप के अनुभवों का पूरा लाभ मिले; पर साथ ही वह जीवन के सूक्ष्मतम पहलुओं को समझने, अपने निर्णय स्वयं लेने तथा अपने स्वयं के व्यक्तित्व को सँवारने के योग्य भी बने।

"आपके बच्चे नहीं हैं आपके बच्चे।
हैं वे बेटे–बेटियाँ, जीवन की स्वयं के लिए चाहत के।
वे आते हैं आपके माध्यम से पर आपसे नहीं;
और यद्यपि वे हैं आपके साथ,
फिर भी वे नहीं हैं आपकी संपत्ति।
आप उन्हें दे सकते हैं अपना प्यार, पर अपने विचार नहीं,
क्योंकि, उनके पास होते हैं अपने स्वयं के विचार।
आप उनके शरीरों को रख सकते हैं घर में,
उनकी आत्माओं को नहीं,
क्योंकि उनकी आत्माएँ रहती हैं भविष्य के घर में,
जहाँ आप नहीं जा सकते;
अपने स्वप्नों में भी नहीं।
आप उन–सा बनने का प्रयास कर सकते हैं,
पर न करें प्रयत्न उन्हें स्वयं–सा बनाने का।"

—खलील जिब्रान

अतएव 'स्पेस' प्राप्त करना एवं 'स्पेस' प्रदान करना, परिवार में सामंजस्य रखना तथा अपनी अंतर्ध्वनि के अनुसार जीवन जीना एवं दूसरों को भी ऐसा करने में सहायता करना प्रसन्नता की कुंजी है। प्रत्येक व्यक्ति को अपनी बुद्धि के अनुसार आचरण करने, स्वप्न देखने एवं उन्हें साकार करने हेतु यत्न करने का पूर्ण अधिकार है।

समग्र प्रसन्नता एवं सामंजस्य हेतु परिवार के प्रत्येक सदस्य की संवेदनशीलताओं को पहचाना जाना एवं उनका सम्मान किया जाना चाहिए। परिवार एवं अंततोगत्वा समाज में प्रत्येक व्यक्ति के शांतिपूर्ण तथा आनंदमय सहअस्तित्व को सुनिश्चित करने का यही सार तत्त्व है। यही प्रसन्नतापूर्ण जीवन का मूलमंत्र है।

□

"परिवार-समूहों में सहबंधित होना मानव-कल्याण हेतु स्वाभाविक एवं आवश्यक दोनों हैं—और इसीलिए समाज के स्वास्थ्य के लिए अनिवार्य है। परिवार लघु-ब्रह्मांड है।"

—साइमन फ्रायड

“मित्रता का बीज बोएँ, खुशियों का गुलदस्ता पाएँ।”

—लुइस एल. कॉफमैन

अध्याय 7

मित्रता : आनंद निर्झर

"मित्रता का बीज बोएँ, खुशियों का गुलदस्ता पाएँ॥"

—लुइस एल. कॉफमैन

मित्र वह व्यक्ति है, जिसे आप जानते हैं, पसंद करते हैं और जिस पर विश्वास करते हैं। जो हर मौसम और हर परिस्थिति में आपके साथ 'शेयर' करने, मस्ती करने और मदद करने को मौजूद है। मित्र ऐसा होना चाहिए, जिसकी बुद्धिमत्ता एवं सद्‌गुणों पर आप विश्वास कर सकें और जिसकी सम्मतियों का मोल उसकी विशुद्ध गंभीरता तथा औचित्य के लिए आँका जाता हो।

एडीसन के अनुसार मित्रता आनंद को द्विगुणित एवं दु:ख को विभाजित करके प्रसन्नता को बढ़ाती तथा कष्ट को घटाती है। कोई भी व्यक्ति अपने लिए कैसे मित्रों का चयन करता है—इस बात से जाना जाता है। कहा जाता है कि मित्रता को धीरे-धीरे आने और क्रमशः ऊँचाई तक जाने देना चाहिए, क्योंकि, यदि यह तेज दौड़ेगी तो जल्दी ही उसका दम उखड़ जाएगा। वास्तव में, एक सच्चे और अच्छे मित्र का होना ईश्वर का महानतम आशीर्वाद है।

अपने जीवन को उन सन्मित्रों से अवश्य समृद्ध किया जाना चाहिए, जिनके साथ अपना सुख-दु:ख बाँटा जा सके और सहजता की अनुभूति हो सके। हमारे

अस्तित्व की श्रेष्ठतम प्रसन्नताओं में से एक यह भी है कि हम दूसरों को स्वीकार कर सकें और वैसे ही, अन्यों द्वारा स्वीकार किए जा सकें। खलील जिब्रान मित्रता के गुणों को निम्न पंक्तियों में व्यक्त करते हैं—

''तुम्हारा मित्र है तुम्हारी आकांक्षाएँ—समुत्तरित।
है वह तुम्हारा कृषि-क्षेत्र, जिसे तुम बोते हो स्नेह से
और काटते हो फसल कृतज्ञता से।
क्योंकि निःशब्द उपजते और बाँटे जाते हैं सारे विचार,
समस्त अभिलाषाएँ, सारी अपेक्षाएँ
उस आनंद के साथ, जिसमें नहीं होता कोई जय-घोष।''

जीवन कभी भी गुलाबों का बिस्तर नहीं होता। जीवन की डगर में, मोड़-घुमाव, सुख-दुःख और अँधेरे-उजाले दिन आते ही रहते हैं। रक्त एवं वैवाहिक संबंधों तथा सामाजिक बंधनों एवं बाध्यताओं के आधार पर बहुत से निकटस्थ एवं प्रिय-जन हो सकते हैं; फिर भी, जीवन में न केवल श्रेष्ठ उपलब्धियों अपितु विपत्तियों के समय भी एक घनिष्ठ मित्र की आवश्यकता होती है। एक ऐसे व्यक्ति की आवश्यकता होती है, जो आपका आत्मीय हो; एक मित्र की न केवल श्रेष्ठ उपलब्धियों अपितु विपत्तियों के समय भी।

गोस्वामी तुलसीदासजी ने 'श्रीरामचरितमानस' में मित्र के गुण का वर्णन निम्न पंक्तियों में किया है—

धीरज धर्म मित्र अरु नारी।
आपद काल परिखिअहिं चारी॥

(श्रीरामचरितमानस, अरण्यकांड)

(धैर्य, धर्म, मित्र और स्त्री—इन चारों की विपत्ति के समय ही परीक्षा होती है।)

घनिष्ठ संबंध की भावना बृहत् शक्ति देती है तथा महान् कार्यों को पूर्ण करने हेतु ऊर्जा एवं उत्साह का भंडार सृजित करती है। यह उत्तम स्वास्थ्य एवं प्रसन्नता-प्राप्ति में भी प्रचुर योगदान करती है। पारिवारिक सदस्यों के अतिरिक्त मित्र ही महानतम आनंद प्रदान करते हैं और महान् प्रेरक होते हैं। विभिन्न शोधकर्ताओं ने

इंगित किया है कि घनिष्ठ संबंध स्वास्थ्य के लिए अभिवृद्धिकारक तथा हमारे दु:खों एवं अवसादों के लिए महान् प्रतिरोधक होते हैं।

यह देखा गया है कि जो घनिष्ठ संबंधोंवाले होते हैं वे सामान्यतया बेहतर महसूस करते हैं, अधिक व्यायाम करते हैं और सकारात्मक भाव से जीवन का आनंद लेते हैं। वास्तव में विश्वसनीय मित्रता गंभीर बीमारियों के दौरान स्वास्थ्य-लाभ प्राप्त करने में शीघ्रता लाती है और हमारे आत्मविश्वास तथा आत्मसम्मान को बढ़ाती है। प्रतिकूल समय में एक सच्चे मित्र की सामयिक सलाह, पुनराश्वासन एवं सहायता किसी महौषधि की भाँति कार्य करती है तथा हमारा मनोबल बढ़ाती है।

इस बात का सहज विश्वास कि अपने घनिष्ठ वृंद में हम अपनी असफलताओं के बावजूद पसंद किए जाते हैं तथा स्वीकृत एवं समादृत रहते हैं, हमारे लिए शक्ति का एक महान् स्रोत है। सेनेका के अनुसार, "मित्रता समस्त व्याधियों की परम विषहर है।" हम अपनी कष्टमय अनुभूतियाँ अपने घनिष्ठ मित्रों को बताकर हलका महसूस करते हैं और इस प्रकार दु:ख तथा कष्टों से स्वयं को मुक्त कर लेते हैं।

डॉ. डेविड जी. मायर्स ने अपनी पुस्तक 'द परस्यूट ऑफ हैप्पिनेस' में घनिष्ठ संबंध एवं प्रसन्नता के बीच निम्न पंक्तियों में एक निश्चित अंतर्संबंध स्थापित किया है—

"तनाव का सामना रचनात्मकता के साथ करना हमारे हिल चुके आत्मसम्मान को सुदृढ़ता देता है और कष्टकर अनुभवों को किसी विश्वासी से बाँटना न केवल शरीर के लिए अपितु आत्मा के लिए भी अच्छा है। यही उन अध्ययनों का निष्कर्ष है, जो यह प्रदर्शित करते हैं कि लोग तब ज्यादा सुखी होते हैं, जब वे मित्रों एवं परिवार के एक संजाल (नेटवर्क) से समर्थित होते हैं।"

व्यक्तिवाद के उत्थान ने व्यक्ति-स्वातंत्र्य एवं व्यक्तिगत उपलब्धियों पर गर्व के युग की ओर हमें अग्रसारित किया है। आजीविका के क्षेत्र में प्रचंड प्रतिस्पर्धा के कारण हमें कई बार विफलताओं एवं गतिरोधों का सामना करना पड़ता है। इन परिस्थितियों में उत्तरदायिता का सिद्धांत व्यक्ति विशेष पर ध्यान केंद्रित करता है। असफलता की दशा में हमें इसे अपनाना पड़ता है और इसकी जिम्मेदारी लेनी पड़ती है तथा परिणाम भी भुगतने पड़ते हैं। ऐसे भी अवसर आते हैं, जब हम पूर्णतया निराश हो जाते हैं। ऐसे में, किसी सच्चे और घनिष्ठ मित्र का सौजन्य आघातों को झेलने में प्रतिरोधक का कार्य करता है। साथ ही यह हमें नए अभियानों एवं नया जीवन प्रारंभ करने हेतु प्रेरित करने में उत्प्रेरक का भी कार्य करता है।

सामाजिक प्रवृत्तियाँ एवं लोकाचार बदल रहे हैं तथा व्यक्तिवाद वर्तमान युग की सर्वमान्य स्थिति है। व्यक्तिगत विफलताओं, गत्यावरोधों तथा निजी त्रासदियों की दशा में परिवार, समुदाय एवं बृहत्तर सामाजिक समूहों का पारंपरिक समर्थन शनैः-शनैः घट रहा है और अपनी मदद के लिए हम अकेले रह जाते हैं। आज अपनी इच्छा एवं विचारों के अनुसार जीना जीवन का प्रमुख सिद्धांत हो गया है। यही आधुनिक मानव की सच्ची संस्कृति बन गई है। इसने उसे जीवन-संघर्ष में नितांत एकाकी कर दिया है। ऐसे वातावरण में, जब बिजली गिरती है तो कोई आश्रय, कोई छत और कोई सहारा देनेवाला समूह नहीं मिलता।

व्यक्तिवादी दर्शन पूरी तरह से अपनी जुड़ें जमा चुका है। सफलता और उपलब्धि के क्षणों में हम स्वयं को विश्व के शिखर पर खड़ा हुआ अनुभव करते हैं और गर्व तथा प्रसन्नता से फूले नहीं समाते। मूल स्वभाव संपूर्ण श्रेय स्वयं लेने तथा इस अनुभूति को आत्मसात् करने का होता है। इतना तक तो ठीक है। परंतु आघात, अप्रतिष्ठा एवं प्रमुख गत्यावरोधों की स्थिति में आश्रय लेने के लिए परिवार अथवा अन्य कोई समर्थन-प्रणाली न होने के कारण हम असहाय, अवसादग्रस्त और तनावग्रस्त अनुभव करते हैं। यहीं पर एक ऐसे व्यक्ति की आवश्यकता होती है, जो सच्चा आत्मीय हो और हमारा दुःख बाँट सके।

व्यक्तिवाद आज की संस्कृति हो गई है।

तनाव झेलने और प्रतिकूलताओं का सामना करने की योग्यता सामाजिक परिवेश एवं समाज के सांस्कृतिक प्रवृत्तियों से संबंध रखती है। बच्चे के बाल्यकाल की स्मृतियाँ और पारिवारिक वातावरण बाद के जीवन में खराब मौसम का सामना करने की उसकी योग्यता को अत्यधिक प्रभावित करते हैं। तथा आने वाली घटनाओं एवं परिस्थितियों के प्रति उसके प्रत्युत्तरों को भी अधिकांशतः निर्धारित करता है।

समाज पर हावी प्रमुख संस्कृति बच्चों के लालन-पालन को विशेष रूप से प्रभावित करती है। व्यक्ति-उन्मुख समाजों में बच्चों को स्वतंत्र मनुष्यों के रूप में ढालने का प्रयास होता है; समाज के अनुकूल बनने या समाज के प्रभुत्व का सम्मान करने को अधिक महत्त्व नहीं दिया जाता। बच्चों को अपने स्वयं के निर्णय लेने तथा उनके परिणामों का उत्तरदायित्व स्वीकारने हेतु प्रेरित किया जाता है।

परंतु भारत, चीन, जापान आदि जैसे देशों के समुदाय-आधारित परंपरावादी

समाजों में समूह-निर्भरता पर परंपरागत रूप से ज्यादा जोर रहा है। यद्यपि स्थिति अब बदल रही है और व्यक्तिवाद की वैश्विक प्रवृत्ति लगभग छा गई है, तथापि संस्कृति के प्रभाव और प्रभावशाली सामाजिक मूल्यों को एकदम से नजरअंदाज नहीं किया जा सकता। यह प्रवृत्ति कई सौम्य तरीकों से कार्यरत रहती है और व्यक्ति के व्यवहार तथा मनोदशा को प्रभावित करती है। एक प्रकार से यह विपरीत स्थितियों का सामना कर रहे व्यक्ति को किसी-न-किसी प्रकार की समर्थन-प्रणाली अवश्य प्रदान करती है।

समुदाय-आधारित समाजों में प्राय: माँ-बाप और अन्य वरिष्ठ जन पारिवारिक निर्णयों को प्रभावित करते हैं और उनके परिणामों का उत्तरदायित्व अपने ऊपर लेते हैं। जब ऐसे परिवारों के बच्चे बड़े होकर अपना परिवार बनाते हैं तो वे स्वयं को पूरी तरह से नई परिस्थितियों में पाते हैं। और जब वे प्रतिकूलताओं का सामना करते हैं, तो खुद को कमजोर पाते हैं और तब किसी मित्र की आवश्यकता बड़ी गंभीरता के साथ अनुभव करते हैं।

ऐसी व्यक्तिवादी संस्कृतियों में, जैसी कि पश्चिमी देशों में हैं, लोगों के पास अपेक्षाकृत अधिक स्वतंत्रता, धन तथा व्यक्तिगत उपलब्धियों का दर्प आदि होता है और वे एक सुविधापूर्ण जीवन का आनंद उठाते हैं। फिर भी, यह देखा जाता है कि वे अपेक्षाकृत अधिक अकेले, समाज से कटे हुए, स्थायी संबंध बनाने की कम संभावनावाले, मानवघाती तथा तनाव संबंधी रोगों जैसे कि चिंता, अवसाद एवं हृदय-विकारों के प्रति अधिक असुरक्षित होते हैं।

पेंसिलवेनिया विश्वविद्यालय के एक शोध-विद्वान् मार्टिन सेलिग्मैन ने पाया है कि व्यक्ति-उन्मुख समाजों में अवसाद एक नया प्लेग है और वे निष्कर्ष देते हैं कि—"अनियंत्रित व्यक्तिवाद अपने साथ अपने विनाश के दो बीजों के लेकर चलता है। पहला एक ऐसा समाज, जो व्यक्ति को उस सीमा तक आगे बढ़ाता है जैसा कि आज हमारा समाज करता है, अवसाद से ग्रस्त रहेगा। दूसरा तथा संभवत: सर्वाधिक महत्त्वपूर्ण है—निरर्थकता (जो तब आती है जब किसी चीज के प्रति जो आपसे बड़ी हो, कोई आसक्ति नहीं होती)।"

किसी भी सामाजिक स्थिति में परिवार एवं मित्रों का महत्त्व और अधिक स्पष्ट नहीं किया जा सकता। अरस्तू ने मनुष्य को सामाजिक पशु कहा है तथा उद्भववादी सिद्धांतकार गण इस अवधारणा का समर्थन करते हैं। सार यह है कि निकटता एवं सहयोग समाज में समन्वय तथा प्रसन्नता की अभिवृद्धि करते हैं।

विश्व स्वास्थ्य संगठन के मनोचिकित्सक जॉन बाउल्बी के अनुसार, ''दूसरे मनुष्यों के साथ अंतरंग आसक्ति वह धुरी है, जिसके चारों ओर किसी व्यक्ति का जीवन घूमता है, केवल तब नहीं जब वह एक शिशु या घुटनों के बल चलनेवाला बच्चा होता है, बल्कि पूरे जीवन भर। इन्हीं अंतरंग आसक्तियों से व्यक्ति अपनी शक्ति एवं आनंद प्राप्त करता है तथा अपने योगदान से दूसरों को शक्ति एवं आनंद प्रदान करता है। यही वे चीजें हैं, जिन पर आधुनिक विज्ञान एवं परंपरागत बुद्धिमत्ता दोनों एकमत हैं।

यदि किसी के ऐसे घनिष्ठ मित्र हैं, जिनके साथ वह आसानी से जुड़ सकता एवं अपने सर्वाधिक अंतरंग विचारों को बाँट सकता है तो वह एक सौभाग्यशाली स्थिति में है। संयुक्त राज्य अमेरिका में किए गए एक सर्वेक्षण में यह पाया गया कि जिन लोगों के पाँच या छह ऐसे दोस्त थे जिनसे वे महत्त्वपूर्ण विषयों पर विचार-विमर्श कर सकते थे, उनके 'बहुत प्रसन्न' होने की संभावना उन लोगों की अपेक्षा 60 प्रतिशत अधिक थी, जिनके कोई दोस्त नहीं थे। इसी प्रकार, निकट एवं आत्मीय संबंध रखनेवाले लोग जीवन का ज्यादा अच्छी तरह आनंद उठाते हैं और बीमारी, बेकारी, निजी त्रासदियों तथा जीवन की अन्य सदमेवाली स्थितियों सहित विभिन्न तनावों का सामना बेहतर ढंग से करने में सक्षम होते हैं। मित्रों, परिवार एवं जिन्हें हम सबसे ज्यादा मान देते हैं, उनके साथ निकट संबंध प्रसन्नता के सर्वाधिक महत्त्वपूर्ण अवयव हैं। सैमुएल जॉनसन के अनुसार, 'मानवीय उद्यम का सर्वाधिक महत्त्वपूर्ण लक्ष्य घर पर प्रसन्न रहना है।'

घनिष्ठ एवं अंतरंग संबंधों वाले लोग जिंदगी का बेहतर आनंद पाते हैं।

हॉबर्ट ऐंड विलियम स्मिथ कॉलेज द्वारा किए गए एक सर्वेक्षण में पाया गया कि घनिष्ठ मित्रों और सफल एवं प्रगाढ़ प्रेमपूर्ण वैवाहिक जीवनवाले लोगों की अपेक्षा अधिक आमदनी, आजीविका के क्षेत्र में सफलता, प्रतिष्ठा आदि के तथाकथित 'आधुनिक मूल्यों' वाले लोग अपने पूर्वोक्त सहपाठियों की तुलना में स्वयं को 'पर्याप्त' या 'बहुत' दुःखी वर्णित करने की दुगुनी संभावना से युक्त थे।

सर्वाधिक समृद्धिकारी एवं संतुष्टिकारी संबंध अत्यंत आत्मीय एवं घनिष्ठ प्रकृति के होते हैं। वे हमें, हमारे वास्तविक स्वरूप में ही, ज्ञेय तथा स्वीकार्य बनाते हैं। मित्र वह होता है, जिसके समक्ष हम स्वयं को अभिव्यक्त करने में सुविधा का

अनुभव करते हैं। जब विश्वास विकसित होता है, चिंताएँ अदृश्य हो जाती हैं और हम स्वयं को बिना किसी भय या संकोच के व्यक्त करने को उद्यत होते हैं।

यदि हम किसी से घनिष्ठ हैं तो हम अपने मन को उसके समक्ष खोल देते हैं और अपेक्षाकृत हलका व प्रसन्न अनुभव करते हैं। और यदि हम सचमुच प्रसन्न होते हैं तो फिर हम बाँटने, विश्वास करने तथा अंतरंगता के भी इच्छुक होते हैं। यह एक दोहरी प्रक्रिया है और अपने आपको खुश, खास और इन सबसे बढ़कर किसी का चहेता महसूस करने की कुंजी है। अपनी खुशियों, गमों और अंतरंग आंतरिक भावनाओं को किसी के साथ इस तरह बाँटना, जिससे कि वह भी अपनी जिंदगी के सुख-दुःख हमारे साथ बाँटने में सहजता का अनुभव कर सके, सचमुच एक गहन अनुभूति है। इससे हमें तनावों और प्रतिदिन की जिंदगी की चिंताओं का बेहतर सामना करने में मदद मिलती है।

अगर हमें खुलने के मौके नहीं मिलते तो हम खुद को खोया-खोया और अकेला-सा महसूस करते हैं, जो हमें तनाव और चिंता की ओर ले जाते हैं। अकेलेपन का अर्थ नितांत अकेले होना या फिर आपका साथ देने के लिए किसी का मौजूद न होना भर नहीं है। अपितु यह मन की एक अवस्था है, जो इसके प्रति हमारे दृष्टिकोण पर निर्भर है। कोई भीड़ में भी अकेला महसूस कर सकता है।

आधुनिक जीवन के दिन-प्रतिदिन के तनावों एवं जटिलताओं को देखते हुए—एक-दूसरे की परवाह करने, परस्पर मिल बाँटने और साथ-साथ रहने की भावनाओं को बढ़ावा देने के लिए यह महत्त्वपूर्ण है कि विभिन्न संस्थाओं, संगठनों, यहाँ तक कि पारिवारिक वातावरण तक को भी पुनर्दिशानुकूलित किया जाना चाहिए। अर्थात् 'मैं' और 'मुझे' की वर्तमान प्रवृत्ति के स्थान पर 'हम' और 'हमें' की एक नई संस्कृति को बढ़ावा दिए जाने की परम आवश्यकता है। अपनी आंतरिक भावनाओं को किसी घनिष्ठ मित्र या आत्मीय के साथ बाँटना प्रसन्नता के लिए परमावश्यक है।

> ***अपनी आंतरिक अनुभूतियाँ मित्रों से बाँटना प्रसन्नता के लिए अत्यावश्यक है।***

परंतु, लाख टके का सवाल यह है कि हम दूसरों से घनिष्ठ हों कैसे? वास्तव में हम सभी दूसरे मनुष्यों से घनिष्ठ होने में डरते हैं, क्योंकि यह 'दूसरा' हमारे लिए अपरिचित और अज्ञात होता है। अपना मन खोलने के प्रति, हममें एक सामान्य प्रतिरोध होता है और हम प्राय: अकेले रह जाने की ओर प्रवृत्त होते हैं।

बहुत बार हम अपनी सच्ची भावनाएँ अपने निकटस्थ प्रियजनों पर भी नहीं अभिव्यक्त करते और बदले में वे भी ऐसा ही करते हैं। इससे प्रतिक्रियाओं की एक शृंखला प्रारंभ हो जाती है, जहाँ हम बगैर दूसरों को शामिल किए हुए अपनी एक अलग दुनिया बना लेते हैं। परिणामतः हमारी एकांतिकता बढ़ती ही जाती है। ये सब अपना मन खोलने और प्रसन्न होने की, हमारी यात्रा में वास्तविक मार्गावरोध हैं।

परंतु, जीवन से अंतरंगता के लिए हमें अपने मिथ्याभिमानों को छोड़ना और पहले स्वयं अपने आप से खुलना होता है और तब फिर दूसरों से। जिस दिन भी ऐसा होता है, जीवन आनंदमय हो जाता है और तब प्रत्येक क्षण उत्सव का क्षण होता है। कोई भी तब अपरिचित नहीं रह जाता और हम संपूर्ण मानवता और विश्व को गले लगाने को तत्पर होते हैं।

जीवन-यात्रा में असीम क्षमता एवं अनंत संभावनाएँ हैं।

वास्तव में, अंतरंगता प्रसन्नता की प्रमुख आवश्यकता है, किंतु हम अकारण ही अकेले और गोपन होने की कोशिश करते हैं। हमें स्वयं को जैसे हम सचमुच हैं वैसा स्वीकारने में, झिझक होती है। यदि हम स्वयं को स्वीकार करने को तैयार नहीं हैं, तो फिर दूसरा कोई हमें कैसे स्वीकार करेगा और हमारे निकट आएगा?

हमारा मिथ्याभिमान व तेवर हमारे और हमारे जीवन-सहचर तथा बच्चों—जिनसे हमें सर्वाधिक निकट तथा अंतरंग होने की आशा की जाती है—तक के बीच में आ जाता है। यह स्वाभिमान, साहचर्य तथा मित्रवत् संवाद को बाधित करता है और गलतफहमियों व ठंडेपन की ओर ले जाता है और अंततः अंतर्वैयक्तिक संबंधों में विरक्ति एवं विरोध की ओर। यह जीवन में प्रसन्नता एवं लय की उपलब्धि में बहुत बड़ा अवरोध है।

यदि हम अहं की निरर्थकता और मानव-जीवन की अनित्यता को पूर्ण रूप से समझ लें तो हमारे लिए अपना दंभ त्यागना और अनावश्यक छद्म एवं छल से छुटकारा पाना बहुत सरल हो जाएगा। सभ्यता के विकास के साथ 'अस्तित्व के लिए संघर्ष' तथा 'सर्वश्रेष्ठ की उत्तरजीविता' एक तरह से प्रभावी प्रतिमान हो गए हैं। परिणामस्वरूप हम अपनी सहजता और प्रकृति के साथ अपना संपर्क खो बैठे हैं और हमने इस प्रक्रिया में ढेरों मुखौटे, बहाने एवं भ्रांतियाँ इकट्ठा कर लिये हैं।

अपनी आत्मा की आवाज, अपने आप और अपने उद्देश्यों के प्रति निष्ठा विकसित करना और फिर तदनुसार कार्य करना प्रसन्नता की प्राप्ति का मूल आधार है। किसी अन्य को अपने जीवन को प्रभावित एवं नियंत्रित करने की अनुमति कदापि नहीं देनी चाहिए।

अनेक लोग, अपनी-अपनी बुद्धि एवं दृष्टिकोण के अनुसार, हमें सलाह देने, नियंत्रित करने तथा उस दिशा में परिवर्तित करने, जिसे वे उचित समझते हैं—सदैव तत्पर रहते हैं। पर, असली पथ-प्रदर्शक हमारे अपने भीतर होता है। हम सब अपने भीतर, अपने जीवन की प्रसन्नता और समरसता का एक 'ब्लू प्रिंट' या 'रोडमैप' लिये होते हैं। इसे समझना, पहचानना तथा तदनुसार अपना सर्वोत्कृष्ट प्रयास करना ही प्रसन्नता पाने का रहस्य है।

हम अपने भीतर प्रसन्नता का ब्लू-प्रिंट लिये होते हैं।

प्रसन्न होने के लिए आदमी को सच्चा होना चाहिए और उसे अपने दिल की आवाज सुननी चाहिए। हमारे द्वारा सृजित मुखौटा इतना स्थूल एवं सुदृढ़ होता है कि हम अपनी अंतश्चेतना का स्वर सुनने में सक्षम नहीं हो पाते। हमारे दिल की आवाज और हमारी चाहतें आसानी से बाहर नहीं आ पातीं और प्रायः हमें स्वयं को समझने के लिए किसी दर्पण या 'साउंडबोर्ड' या एक सच्चे मित्र की जरूरत होती है।

हमें अपने मानसिक घेरे को तोड़ने तथा उन मूल्यों एवं उद्देश्यों को पहचानने की आवश्यकता होती है, जो हमें प्रसन्न बनाते हैं। यह एक वैयक्तिक यात्रा है और इसमें व्यक्तिगत प्रयास की आवश्यकता होती है। यदि हम एक बार ऐसा करने में सक्षम हो जाएँ तो संपूर्ण प्रकृति, सारी सृष्टि और हमारे चारों ओर की पूरी दुनिया हमारे जीवन-यात्रा में एक मित्र, एक सहचर बन जाती है।

अंतरंग एवं मित्रवत् होने के लिए हमें विश्वास की निर्णायक भूमिका को समझना चाहिए। आजकल विश्वास करने एवं विश्वसनीय होने का मूल स्वभाव बहुत दुर्लभ हो गया है। मिथ्यावादिता एवं छल समाज में चतुर्दिक् व्याप्त है। परंतु, यदि हम किसी मित्र या परिचित तक में सच्ची आस्था बना लेते हैं तो यह नितांत असंभव है कि वह हमें

धोखा देगा। विश्वास करके, एवं विश्वास योग्य बनकर हम मानवीय व्यवहार के स्तर को ऊँचा उठा देते हैं। यह स्पष्ट है कि किसी से अंतरंगता या मैत्रीपूर्ण संबंध विकसित करने के लिए स्वयं को तथा दूसरे व्यक्ति को संपूर्णता में स्वीकार करना होता है, सच्चा होना होता है और मनुष्य की स्वाभाविक अच्छाई में आस्था रखनी होती है। मित्र बनाने एवं प्रसन्नता के पथ पर साथ-साथ आगे बढ़ने की दिशा में यही प्रथम पग है और संभवत: निर्णायक भी।

□

"मित्रों की आवश्यकता आनंद एवं शोक दोनों में होती है।"

—सैमुएल पैटरसन

"प्रसन्नता केवल धन के होने भर में नहीं है, यह उपलब्धि के आनंद एवं रचनात्मक प्रयास के रोमांच में होती है।"

—फ्रैंकलिन डी. रूजवेल्ट

अध्याय 8

सृजन का आनंद

"प्रसन्नता केवल धन के होने भर में नहीं है, यह उपलब्धि के आनंद एवं रचनात्मक प्रयास के रोमांच में होती है।"

—फ्रैंकलिन डी. रूजवेल्ट

ओशो के अनुसार, रचनात्मक व्यक्ति वह है, जिसके पास अंर्तदृष्टि हो; जो उन चीजों को देख सकता हो, जिन्हें पहले किसी ने नहीं देखा; जो उन चीजों को सुनता है, जिन्हें पहले किसी ने नहीं सुना। रचनात्मकता सृष्टि में महानतम विद्रोह है।

कुछ सृजित करने के लिए आपको समस्त सीमाओं, अवरोधों एवं अनुकूलनों के परे जाना होता है; कुछ नया, अपूर्व, अनसुना और अनदेखा कार्य करना होता है; बिलकुल नवीन रास्तों पर चलना होता है; नितांत अनमापी गहराइयों में गोते लगाना होता है और सच कहें तो अपने चुने हुए क्षेत्र में सर्वथा नए परिदृश्यों तथा नए क्षितिजों की तलाश करनी होती है। मूलतः सृजनशीलता ज्ञात सीमाओं को अतिक्रमित कर एक सर्वथा नवीन सृष्टि में प्रवेश है। सृजनशीलता केवल एक नई तसवीर या एक नए लैंडस्केप को 'पेंट' करना भर नहीं है, बल्कि नए क्षितिजों और नए कैनवास की तलाश भी है।

सृजनशीलता अपना सरोकार जितना अपने उद्देश्यों और गंतव्यों से रखती है उतना ही उन तक पहुँचने के मार्ग-मानचित्रों और मार्गों एवं संसाधनों से। यह सर्वथा नूतन चीजों को फलीभूत होने के योग्य बनाना है। सृजनशीलता केवल नई ऊँचाइयों तक उड़ान ही नहीं, अपितु नए मार्गों का अनुसरण तथा ज्ञात क्षितिजों का अतिक्रमण भी है।

सृजनशीलता आपकी राह आसान करती है। सृजन सामर्थ्य-प्रदाता की भूमिका में आकर स्वयं सृजन-प्रक्रिया का एक उपादान बन जाता है। एक प्रकार से यह एक ऐसी प्रक्रिया और कार्य-कलाप है, जिसमें आप अपना निजत्व खोकर, बिना सचेतन रूप से प्रक्रिया का हिस्सा बने सहभागी होते हैं। यह उस इंद्रधनुष की भाँति है, जो सूर्य के किसी सचेतन प्रयास के बिना प्रकट होता है। सारभूत रूप में किसी सर्वथा नवीन एवं असाधारण बात को हो जाने देना ही सृजनशीलता है।

सृजनशीलता का अर्थ अपने पूर्वग्रहों एवं द्वेषों को परे रखकर किसी नई और अलग चीज को अस्तित्व में लाना और इस प्रक्रिया में स्वतंत्रतापूर्वक सहभागिता करना है। इसका अर्थ इंद्रधनुष को चूमना, बादलों के साथ उड़ना, सितारों को छूना और उन्हें जमीन पर ले आना है। एक बार जब हम अपने अहं एवं असत्यता की बाधा को पार कर लेते हैं तो सृजन से संवाद सरल हो जाता है। हम तत्काल, परम-ऊर्जा से, शक्ति-स्रोत से एवं उन शक्तियों से जुड़ जाते हैं, जो अभी तक हमारे लिए अज्ञात थीं।

किसी अभिनव और भिन्न वस्तु का सृजन सृजनशीलता है।

सृजनशीलता का सीधा अर्थ यह है कि इसमें लगी हुई शक्तियाँ बिना किसी सचेतन प्रयास या हस्तक्षेप के स्वतंत्रतापूर्वक कार्य कर सकें। जब कोई कवि कविता लिखता है तो वह मात्र एक माध्यम, एक साधन होता है—वह वस्तुतः सर्जक नहीं है, अपितु केवल एक उपकरण, एक सामर्थ्य-दाता भर होता है। परंतु जब वह सचेत होकर लिखता है, तब भी यह एक कविता ही रहती है; परंतु यह साधारण एवं सांसारिक होती है। पर, जब यह कवि के माध्यम से, उसके परे से आती है तो यह उत्कृष्ट होती है और इसमें कुछ ऐसा विशिष्ट होता है, जो अभी तक सामान्य विश्व के लिए अज्ञात था। वेदों, उपनिषदों, कुरान तथा बाइबिल का उपहार विश्व को इसी प्रकार प्राप्त हुआ।

कहा जाता है कि महान् कवि सैमुएल कॉलरिज की जब मृत्यु हुई, हजारों

कविताएँ अधूरी पाई गईं। अपने जीवनकाल में अनेक बार उन्हें अपनी अधूरी कविताओं की याद दिलाई गई थी। उनकी कुछ कविताओं में तो पूरी होने के लिए केवल एक या दो पंक्तियों की ही आवश्यकता थी, पर वे अधूरी ही पड़ी रहीं। इस संदर्भ में कॉलरिज का निम्न उत्तर बहुत स्पष्ट रूप से सृजनशीलता की प्रकृति को व्याख्यायित करता है—

"मैं नहीं कर सकता। मैंने कोशिश की, पर जब मैं उन्हें पूरा करता हूँ, कुछ छूट जाता है, कुछ गलत हो जाता है। मेरी पंक्तियाँ कभी उससे लय नहीं बैठा पातीं—जो मेरे भीतर से आया है। यह एक बाधा बनी रहती है, यह एक चट्टान बन जाता है, यह बहाव को अवरुद्ध करता है। अतः मुझे प्रतीक्षा करनी होगी। जो कोई भी मेरे अंदर बह रहा है, जब भी वह दुबारा बहना शुरू करेगा और कविता को पूरी करेगा, यह पूरी होगी, उससे पहले नहीं।"

कॉलरिज ने अपने जीवनकाल में केवल कुछ ही कविताएँ पूरी कीं, पर वे कविताएँ अपार्थिव-सौंदर्य की सर्जनाएँ हैं और दुर्लभ रहस्यात्मक अंतर्दृष्टियों को मूर्त रूप देती हैं।

सृजनशीलता के साथ हमेशा ऐसा ही होता है। ऐसी परिस्थितियों में कलाकार अदृश्य हो जाता है, कवि एक नवीन प्रक्रिया का अनुभव करते हैं; जहाँ वे नहीं जानते कि किस प्रकार शब्द और अनुभूतियाँ उमड़ते हैं और कविता अवतरित होती है। सृजन के हर रूप और पहलू के साथ यह सच है। अपरा शक्ति स्वयं को एक कविता, एक रंग-चित्र या एक शिल्प के आकार-प्रकार के माध्यम से, जब जैसी स्थिति हो, प्रकट करती है। यही सृजनशीलता है। इस रहस्यात्मक प्रक्रिया की भागीदारी में कलाकार को आनंदातिरेक की एक विचित्रानुभूति होती है तथा एक महान् गौरव-भावना का अनुभव होता है, जो अंततः गहरी संतुष्टि एवं आनंद की ओर ले जाता है।

सृजनात्मकता के लिए आपको स्वयं को भूलना पड़ता है अहंविहीन होना पड़ता है अस्तित्व के प्रत्येक पक्ष के प्रति उत्सुक एवं ग्रहणशील होना पड़ता है। इंद्रधनुष की रंग-छटाएँ, हिमाच्छादित शिखरों का सुरम्य-सौंदर्य, वनों का मौन ऐश्वर्य और बसंत-बयार की सरसराहट तक अपना संदेश संप्रेषित करती हैं और एक सुग्रहणशील मन को ज्ञात क्षितिजों के पार के एक नई दुनिया में ले जाती हैं। जब तक पर्याप्त उत्सुकता तथा रिक्त स्थान नहीं होगा, नए विचार और दृष्टिकोण अंदर अपनी जगह नहीं पा सकते।

यदि आप पूरी तरह स्वत्व से ही भरे हुए हैं और उन विचारों, अनुभूतियों एवं भावों को पाल रहे हैं, जो मिथ्या अहं को पुष्ट करती हैं तो वास्तविक रचनात्मकता की परिधि में प्रवेश अत्यंत कठिन हो जाता है। एक बार जब हम अपने अहं से मुक्त हो लेते हैं तो समस्त पराजयों, असफलताओं और कुंठाओं से मुक्त हो जाते हैं। हमारे भीतर से अनंत शक्ति का प्रवाह प्रारंभ हो जाता है। अपना अहं त्यागकर, हम अपने स्वत्व को विलीन कर देते हैं और जीवन तथा सृष्टि से एकाकार हो जाते हैं।

वास्तव में, अहं अनावश्यक संघर्षों को जन्म देता है, निकट संबंधों तक में दूरियाँ पैदा करता है और अप्रसन्नता, दुःख तथा परिहार्य दुश्चिंताओं का हेतु बनता है। जब हम जीवन एवं अपने परिजनों से समन्वय स्थापित करने के लिए अपने अहं को त्याग देते हैं और स्व को विस्मृत कर देते हैं, तब वास्तविक कला-सर्जनाएँ आकार लेती हैं। ऐसे परिदृश्य में हम सृजन-प्रक्रिया में भाग तो लेते हैं, पर निष्कलुष, अबोध और अचेतन रूप में भाग लेते हैं। हम रचनात्मकता की प्रक्रिया के अंगभूत अंश हो जाते हैं। प्रकृति के विपुल औदार्य एवं ईश्वरीय सृष्टि के प्रचुर सौंदर्य का आनंद लेने के लिए हमें अपने आँख-कान खुले रखने होते हैं। महान् कृतियाँ तब प्रकट होती हैं, जब कलाकार विलुप्त हो जाता है। यहीं से प्रसन्नता एवं सच्चे आनंद का मार्ग प्रारंभ होता है।

सच्ची कला तब उतरती है जब कलाकार गौण हो जाता है।

जब भी हमें ऐसी अनुभूति होती है, हम स्वयं को ऊपर उठा हुआ महसूस करते हैं। बहुधा ऐसा होता है कि सागर तट पर बैठे हुए और लहरों को देखते हुए या किसी पहाड़ी क्षेत्र में टहलते हुए, या किसी पर्वत पर चढ़ते हुए हमें अहं की निरर्थकता, जीवन की क्षणभंगुरता एवं मानव-अस्तित्व की सीमाओं का भान होता है। ऐसी परिस्थितियों में हम में उन शक्तियों से तादात्म्य की तीव्र इच्छा होती है, जो अन्यथा हमारे दिन-प्रतिदिन के जीवन में प्रसुप्त रहती हैं; और तब हमें एक उच्च स्तर पर होने की गौरवानुभूति, व अपने साधारण सांसारिक अस्तित्व से मुक्ति का अहसास होता है।

अहं त्यागकर हम समस्त चिंताओं से मुक्त हो जाते हैं।

रचनात्मकता के बहुत से पहलू हैं, विभिन्न निर्देशांक हैं, जो इसे परिभाषित करते हैं। पर निरपवाद रूप से यह विशुद्ध आनंद एवं सांसारिक धरातल से ऊपर उठने की अनुभूति की ओर ले जाती है। यह हमें ऐसी अनुभूति कराती है, मानो हम किसी दूसरी दुनिया में आ गए हों—पूर्ण आनंद एवं उल्लास की दुनिया।

एक कविता लिखकर—जो स्वाभाविक रूप से स्वत-स्फूर्त होती है—सच्चे आनंद की प्राप्ति और कुछ असाधारण एवं दैविक सृजित कर देने की उदात्त भावना की अनुभूति होती है। सृजन आह्लादित करता है, समुन्नत करता है एवं उत्साहित करता है। मैं स्वयं इन भावनाओं का अनुभव करता हूँ, जब कोई कविता बिलकुल अनजाने, बिन प्रयास, स्वयमेव ही बह निकलती है। मैंने—सूर्योदय, नक्षत्रों भरे आकाश अथवा चंद्रमा को निहारते हुए; या यहाँ तक कि किसी अँधेरी रात में छत पर अकेले बैठकर बारिश को देखते हुए—इन भावनाओं को अनुभव किया है। बादलों की गरज, बारिश की बूँदों का रव, रह-रहकर बिजली की चमक मुझे अनुभूति के किसी दूसरे ही स्तर पर पहुँचा देते हैं। तब एक अप्रतिम आनंद की अनुभूति होती है; आनंद, जो हमारे चित्त में व्याप्त हो जाता है और हमें अपने स्थिति की एक सर्वथा नवीन अवस्था का बोध कराने में सहायक होता है।

आनंद की इस भावना, स्वच्छंदता की इस अनुभूति, अज्ञात से या पराशक्ति से इस मिलन की तुलना, किसी प्रकार के भौतिक लाभ, सफलता या उपलब्धि से नहीं की जा सकती। ह्रासमान प्रतिफल का नियम यहाँ प्रभावी नहीं होता है। प्रसन्नता की यही सच्ची कसौटी है।

> *सृजन आह्लादित, समुन्नत एवं उल्लसित करता है।*

जीवन कोई तार्किक सिद्धांत नहीं है। रचनात्मकता तर्क पर आधारित नहीं है। रचनात्मकता को जीवन के उतार-चढ़ाव की प्रतिक्रिया न होकर, प्रत्युत्तर होना होता है। रचनात्मकता तात्कालिक होती है। यह सर्वश्रेष्ठ तब होती है जब आप समष्टि के साथ एकाकार होते हैं संपूर्ण के अंश होते हैं अंश के अंश नहीं। इसे समझना महत्त्वपूर्ण है। यही रचनात्मकता का आद्यांत है। तब और केवल तभी यह आनंद या विशुद्ध प्रसन्नता की ओर ले जाती है। और यही वे क्षण हैं, जब आप को ऐसा लगता है कि आपके पाँव धरा पर नहीं हैं।

रचनात्मकता वह तत्त्व, वह गुण है, जिससे आप किसी कर्म को अनुप्राणित

करते हैं; वह जीवनी-शक्ति है, जो आप उसे प्रदान करते हैं। यह एक भाव है, अंतर्दृष्टि है, शैली है; स्पर्श में, कार्य-निष्पादन में, अभिनय में, गायन में, लेखन में या चित्रकारी में या कोई भी कार्य, जो आप प्यार, स्नेह, आनंद और पूर्ण समर्पण के साथ करते हैं। प्यार, पूर्ण संलिप्तता और बिना किसी पूर्वग्रह के किसी भी काम को करना क्रिया को कला का स्तर प्रदान कर देता है इसे सर्वोत्कृष्ट कृत्य बना देता है जो निस्संदेह अतीव आनंद एवं उल्लास की वस्तु बन जाती है।

नाम और प्रसिद्धि चाहने की प्रवृत्ति रचनात्मकता की राह में एक बहुत बड़ा रोड़ा है। यह आंतरिक विकास को रोकती है। जीवन में प्रसन्न रहने और जीवन में रचनात्मक होने का मूल मंत्र यह है कि आप वह करें, जो आपको प्रिय ल ाता है, जो आपको उन्नत करता है और जो आपको आह्लादित करता है।

मानव-मनोशास्त्र की महान् प्रतिभा ज्याँ पॉल सार्त्र ने नोबेल पुरस्कार लेने से मना कर दिया था। उन्होंने इसके लिए निम्न कारण दिया था—

"अपनी कृतियों को रचते समय मुझे यथेष्ट परितोष प्राप्त हुआ है। नोबेल पुरस्कार इसमें कुछ भी अभिवृद्धि नहीं कर सकता—इसके विपरीत, यह मुझे नीचे गिराता है। यह अप्रवीण लोगों के लिए अच्छा है, जो अभी पहचान की तलाश में हैं; मैं पर्याप्त वृद्ध हूँ और पर्याप्त आनंद उठा चुका हूँ। मैंने जो भी किया है, उससे प्यार किया है; यह स्वयं में ही अपना पारितोषिक था।"

सामाजिक मानदंड, सिद्धांत, विश्वास एवं परंपराएँ सृजनशीलता में बड़ी रूकावटें हैं। सृजनात्मक व्यक्ति को सामाजिक 'कर्तव्य' एवं 'अकर्तव्य' वाले संदर्भ के संजाल से बाहर निकलना होता है। वास्तव में उसे सृजन की विशाल परिधि में प्रवेश हेतु स्वच्छंदता की, विचरण के लिए विस्तृत स्थलों की तथा अपनी स्वयं की अंतश्चेतना एवं गहराइयों तक पहुँचने की आवश्यकता होती है।

वस्तुत: कोई भी कार्य या व्यवसाय अच्छा या बुरा, साधारण या महान् नहीं है; हमारा दृष्टिकोण, इसके प्रति हमारी भावनाएँ इसे ऐसा बनाती हैं। यदि हम अपने हृदय, अपनी आत्मा को किसी कृति में लगाते हैं तो यह निस्संदेह एक दैविक रचना, एक उत्कृष्ट कलाकृति हो जाएगी। हममें प्राय: जिन चीजों की कमी होती है, वे हैं—समर्पण, इच्छा और रचनात्मकता के प्रति सम्मान।

संयुक्त राज्य अमेरिका के महान् राष्ट्रपति अब्राहम लिंकन, जो एक जूते बनानेवाले के बेटे थे, से संबंधित एक बहुत ही मनोरंजक कहानी है। अमेरिकी गणराज्य के राष्ट्रपति चुने जाने के बाद जब पहले ही दिन वे सीनेट को संबोधित

करने के लिए जा रहे थे तो एक ईर्ष्यालु सीनेटर ने उनसे कहा, ''मिस्टर लिंकन, यद्यपि किसी दुर्योगवश आप देश के राष्ट्रपति हो गए हैं, पर मत भूलिएगा कि आप अपने पिता के साथ मेरे घर, मेरे परिवार के लिए जूते बनाने आया करते थे। और, बहुत से ऐसे सीनेटर हैं, जो आपके पिता के बनाए जूते पहन रहे हैं। अत: अपने मूल स्रोत को कभी मत भूलिएगा।''

अब्राहम लिंकन का उत्तर अत्यंत शांत एवं संयमित था और अपने पिता, अपने साधारण कुल और इन सबके ऊपर सृजनशीलता के प्रति उनके सम्मान को प्रदर्शित करता है। उन्होंने कहा, ''सीनेट में अपने प्रथम अभिभाषण के पूर्व मेरे पिता का स्मरण कराने के लिए मैं आपका बहुत कृतज्ञ हूँ। मेरे पिता इतने सुंदर एवं ऐसे सृजनशील कलाकार थे कि कोई अन्य ऐसा व्यक्ति था ही नहीं, जो उनके जैसे सुंदर जूते बना सके। बहुत अच्छी तरह जानता हूँ कि मैं चाहे जो करूँ, मैं उतना महान् राष्ट्रपति कभी नहीं हो पाऊँगा, जितने महान् वे सर्जक थे। मैं उनसे आगे नहीं निकल सकता। परंतु प्रसंगवश, मैं आप सब कुलीन जनों को यह याद दिलाना चाहता हूँ कि यदि मेरे पिता के बनाए जूते आपको चुभ रहे हैं, तो मैंने भी, उनके साथ यह कला सीख रखी है। मैं बहुत अच्छा जूते बनानेवाला तो नहीं हूँ, पर कम-से-कम आपके जूते ठीक तो कर ही सकता हूँ। यदि आप मुझे मात्र सूचित कर देंगे मैं आपके घर आ जाऊँगा।''

सृजनशीलता के संदर्भ में यहाँ कुछ और अधिक कहने की आवश्यकता नहीं बचती है। सच तो यह है कि रचनात्मकता अपना स्वयं का संसार रचती है, जो न केवल रचनाकार के मन पर बहुविध प्रभाव डालती है, बल्कि दूर-दूर तक अवस्थित लोगों को भी प्रभावित करती है। यह आपको भिन्न, अद्वितीय और दैवीय होने की अनुभूति कराती है। जब कलाकार और कला के कवि और कविता के, शिल्प और शिल्पकार के मध्य का अंतर लुप्त हो जाता है और दोनों परस्पर विलीन व परस्पराभिमुख हो रहे होते हैं तो रचनात्मकता अपने चरमोत्कर्ष पर होती है।

प्रसन्नता की अनुभूति के लिए, आनंद और संतुष्टि के भाव का अनुभव करने के लिए रचनात्मकता के महत्त्व को और अधिक बढ़ा-चढ़ाकर कहने की जरूरत नहीं है। महान् कवियों, संतों, साहित्यिकों और कलाकारों का जीवन संतुलन, आनंद एवं प्रशांति का प्रतीक है। सच्ची प्रसन्नता की ओर ले जानेवाले समस्त गुणों में, रचनात्मकता का क्षेत्र सर्वाधिक महत्त्वपूर्ण है।

एक कलाकृति की रचना, एक कविता लिखना या एक संगीत रचना ऐसे

आनंद, उल्लास एवं आह्लाद की ओर अग्रसर करती हैं, जो अप्रतिम, ईश्वरीय एवं परमानंदमय होता है। रचनात्मकता इन अर्थों में अद्वितीय है कि यह केवल अपने रचनाकार को ही आनंद एवं प्रसन्नता नहीं देती, बल्कि अपने सौंदर्य एवं देवत्व की सुरभि दूर-दूर तक बिखेरती है, जो प्राय: कई पीढ़ियों तक बनी रहती है और संपूर्ण मानवता के लिए, आनंद तथा प्रसन्नता का स्रोत बन जाती है।

महान् रचनाएँ, चाहे वे कला, स्थापत्य या साहित्य आदि किसी भी क्षेत्र की हों; यह ताजमहल हो, वेद, उपनिषद्, बाइबिल, कुरान हों या कालिदास, वाल्मीकि, तुलसीदास, शेक्सपियर, गालिब, फिराक, और खलील जिब्रान की रचनाएँ हों इसके सटीक उदाहरण हैं। ये रचनाएँ मनुष्य के लिए पीढ़ियों तक प्रेरणा, प्रसन्नता, परमानंद एवं आशा की स्रोत रही हैं और आगे भी रहेंगी। जॉन कीट्स की कविता का यह संदेश कि—"एक सौंदर्यपरक वस्तु सर्वदा के लिए आनंददायक है" समय की कसौटी पर सदैव—सभी कालों, मौसमों एवं परिस्थितियों में—खरा उतरा है।

□

> **"आकाश का भव्य दृश्य मुझे अभिभूत करता है। मैं अभिभूत हो जाता हूँ, जब मैं असीम आकाश को, अर्द्धचंद्र को या सूर्य को निहारता हूँ।"**
>
> *—जोआन माइरो*

“जीवन स्वयं को पाना नहीं है। जीवन स्वयं को सृजित करना है।”

—*जी.बी. शॉ*

अध्याय 9

स्वाभिमान एवं प्रसन्नता

"जीवन स्वयं को पाना नहीं है। जीवन स्वयं को सृजित करना है।"

—जी.बी. शॉ

"द परस्यूट ऑफ हैप्पिनेस' के यशस्वी लेखक डेविड जे. मायर्स, के अनुसार व्यक्तित्व की चार आंतरिक विशेषताएँ—स्वाभिमान, आत्मसंयम, आशावादिता तथा बहिर्मुखता—किसी व्यक्ति की सकारात्मक मनोवृत्तियों की पूर्वपीठिका होती हैं। तमाम अनुसंधानकर्ताओं ने इनमें से प्रत्येक विशेषता को मनोवैज्ञानिक-स्वास्थ्य के साथ संबद्ध किया है। कहा जाता है कि स्वाभिमान का गुण विपत्तियों से पार पाने की आपकी योग्यता का एक निश्चयात्मक घटक होता है।

जब जीवन कठिन एवं चुनौतीपूर्ण हो जाता है, तब भी अपनी योग्यता में दृढ़ आस्थावान् व्यक्ति आगे बढ़ता रहता है और शीघ्र ही परिस्थितियों को अपने लिए बेहतर रूप में बदल देता है। क्षीण स्वाभिमान एवं अवसाद में निश्चित अंतर्संबंध है। अप्रसन्नता तथा कुंठा एवं अवसाद की भावनाएँ मनः, कायिक एवं स्नावयिक लक्षणों तथा असंतुलन सहित विभिन्न प्रकार के मनोरोगों को जन्म देती हैं। आत्मस्वीकृति एवं स्वाभिमान संबंधी समस्याएँ इन समस्त विकारों एवं कठिनाइयों का मूल है।

शोध, उच्च-स्वाभिमान तथा प्रसन्नता एवं कल्याण की भावना में गहरा संबंध सिद्ध करता है। मिशिगन विश्वविद्यालय में किए गए अध्ययन इंगित करते हैं कि, जीवन में सामान्य संतुष्टि का सर्वोत्तम संकेतक परिवार, मित्रों या आय से प्राप्त संतुष्टि नहीं है, अपितु आपका स्वयं के विषय में आत्मबोध है।

यह सार्वभौम अनुभव है कि जो लोग स्वयं को पसंद करते हैं और जो वे हैं उसे स्वीकार करते हैं, वे सामान्यतया जीवन के बारे में अच्छा महसूस करते हैं। यही कारण है कि स्वयं-सहायता पर तमाम साहित्य स्वयं का सम्मान करने, अपने सकारात्मक पक्षों के प्रति सचेत रहने और अपनी नकारात्मक अनुभूतियों से मुक्त होने के महत्त्व पर बल देते हैं। कहा जाता है कि प्यार को पाने के लिए पहले आपको खुद से प्यार करना सीखना होगा।

सकारात्मक स्वाभिमान चिंता एवं अवसाद के विरुद्ध एक मजबूत ढाल है और अच्छे शारीरिक एवं मानसिक स्वास्थ्य का जनक है। परंतु, इसे वास्तविकता पर आधारित होना चाहिए। यदि यह वास्तविक उपलब्धियों एवं सही मूल्यांकन पर आधारित है तो यह चिरस्थायी आनंद एवं निरंतर प्रसन्नता की ओर ले जाता है।

> सकारात्मक स्वाभिमान चिंता के विरुद्ध एक महान् सुरक्षा-कवच है।

एक प्रसन्न व्यक्ति के व्यक्तित्व का दूसरा सर्वाधिक महत्त्वपूर्ण गुण जिंदगी के मामलों पर उसके व्यक्तिगत नियंत्रण का भाव है। मिशिगन विश्वविद्यालय के ऐंगस कैंपबेल ने विस्तृत सर्वेक्षण के पश्चात् निष्कर्ष निकाला है कि "अपने जीवन को स्वयं नियंत्रित करने के गहरे भाव का होना जीवन के अन्य वस्तुनिष्ठ स्थितियों, जिन पर हमने विचार किया है कि अपेक्षा कल्याण के सकारात्मक अनुभूति का अधिक विश्वसनीय संकेतक है।"

उन्होंने यह भी निष्कर्ष निकाला है कि सर्वेक्षण में सम्मिलित 15 प्रतिशत लोगों में—जो अपने जीवन पर नियंत्रण महसूस करते हैं और संतुष्टि का अनुभव करते हैं—'प्रसन्नता की असाधारण सकारात्मक अनुभूतियाँ' होती हैं। यह देखा जाता है कि यदि लोगों का अपने जीवन पर नियंत्रण बढ़ता है तो स्वास्थ्य एवं प्रसन्नता में भी उल्लेखनीय सुधार होता है।

येल विश्वविद्यालय के मनोवैज्ञानिक ज्यूडिथ रॉडिन के अध्ययन का निष्कर्ष

है कि एक नर्सिंग होम में मरीजों को अपनी रुचियों के अनुसार वातावरण चुनने हेतु प्रोत्साहित करने और उन्हें नीति-निर्धारण में सहभागी बनाने के पश्चात् 93 प्रतिशत मरीजों को पूर्व की अपेक्षा ज्यादा सतर्क, सक्रिय एवं प्रसन्न पाया गया। यही कारण है कि लोग जनतांत्रिक परिस्थितियों में सर्वोत्तम ढंग से विकास करते हैं। स्वतंत्रता का वातावरण एवं स्थायित्वपूर्ण जनतंत्र अपने नागरिकों की प्रसन्नता में अभिवृद्धिकारक होता है।

एक अन्य महत्त्वपूर्ण संबद्ध घटक नियंत्रण की वह अनुभूति है, जो प्रभावशाली समय-प्रबंधन से आती है। जो लोग अपने समय को नियोजित एवं उसे सारवान रचनात्मक क्रिया-कलापों में योजित नहीं कर पाते, वे असंतुष्टि एवं अप्रसन्नता का अनुभव करते हैं। रात में देर तक घूमने, अत्यधिक टी.वी. देखने और असंयमित जीवनचर्या अपनाने की आदत खालीपन तथा अनुपयोगी होने का अहसास कराती है। ऑक्सफोर्ड विश्वविद्यालय के माइकेल आर्गाइल के अनुसार, "प्रसन्न व्यक्तियों का समय व्यस्त तथा नियोजित होता है; वे समयबद्ध तथा कुशल होते हैं; जबकि अप्रसन्न लोगों का समय खाली-खाली तथा निरुद्‌देश्य होता है और वे चीजों को टालनेवाले तथा अकुशल होते हैं।"

अतः जीवन पर नियंत्रण हेतु समय का कुशल प्रबंधन अत्यावश्यक है। यदि दिनवार समय-सारिणी बनाकर उस पर अमल सुनिश्चित हो सके तो कठिन-से-कठिन कार्य संपन्न किए जा सकते हैं। जैसे-जैसे कोई इस अभियान में आगे बढ़ता है और क्रमिक समय-सीमाओं के छोटे-छोटे लक्ष्य प्राप्त करता है वैसे-वैसे उसे आत्मविश्वास, उपलब्धि तथा आत्मनियंत्रण की महत् अनुभूति होती जाती है। इससे जीवन में प्रसन्नता एवं कल्याण की प्रबल भावना का विकास होता है।

> *जीवन में प्रसन्नता हेतु समय-प्रबंधन परमावश्यक है।*

प्रसन्न लोगों का तीसरा महत्त्वपूर्ण गुण 'आशावादिता' है। विभिन्न शोधों द्वारा पर्याप्त रूप से सिद्ध हो चुका है कि आशावादी लोग अधिक स्वस्थ रहते हैं तथा अपेक्षाकृत अधिक सफलताएँ अर्जित करते हैं। नार्मन विंसेंट पेले अपनी प्रसिद्ध पुस्तक 'द पॉवर ऑफ पॉजिटिव थिंकिंग' में कहते हैं, "यदि आप नकारात्मक ढंग से सोचेंगे तो नकारात्मक परिणाम मिलेंगे। अगर आप सकारात्मक ढंग से सोचेंगे तो

आपको सकारात्मक परिणाम मिलेंगे। समृद्धि एवं सफलता के विस्मयकारी सिद्धांत का साधारण सच यही है।''

रॉबर्ट शुलर अपनी पुस्तक 'द बी-हैप्पी एटीट्यूड्स' में घोषित करते हैं, ''अच्छी खबर यह है कि बुरी खबर को अच्छी खबर में बदला जा सकता है, यदि आप अपने दृष्टिकोण को बदल दें।'' वर्जिल ने करीब दो हजार साल पहले अपनी मशहूर किताब 'ऐनीद' में इसी धारणा का प्रतिपादन किया है, जब उन्होंने कहा है कि ''वे कर सकते हैं, क्योंकि वे सोचते हैं कि वे कर सकते हैं।''

जीवन के प्रति स्वीकार्यता का भाव रखनेवाला व्यक्ति स्वभावत: निराशावादी व्यक्ति की अपेक्षा कहीं अधिक हर्ष एवं उल्लास का आनंद उठाता है। वास्तव में प्रसन्नता का आधारभूत उपाय जीवन के प्रति सकारात्मक एवं संतुलित दृष्टिकोण है। व्यक्ति को अतिशय सकारात्मकता और अतिरंजित नकारात्मकता दोनों से बचना चाहिए; पर उसे सतर्कता, आशावादिता एवं संकल्पशीलता का समग्र मिश्रण प्रदर्शित करना चाहिए, जो किसी भी स्थिति के सही आकलन एवं आत्मविश्वास के साथ उसका सामना करने के निमित्त आशा, उत्साह और पर्याप्त यथार्थवादिता की ओर उसे अग्रसर करती है।

अपनी प्रसिद्ध 'सेरेनिटी प्रेयर' में महान् धर्म-विज्ञानी रेनॉल्ड नेबर ने, इसी बुद्धिमत्ता को निम्न पंक्तियों में प्रतिध्वनित किया है—

''हे ईश्वर! हमें उन चीजों को प्रशांति के साथ ग्रहण करने
की शालीनता दे,
जिन्हें बदला नहीं जा सकता;
जिन चीजों को अवश्य बदला जाना चाहिए,
उन्हें बदलने का साहस दे
और उनमें परस्पर विभेद कर सकने की बुद्धिमत्ता दे।''

प्रसन्न लोगों के व्यक्तित्व का चौथा सर्वाधिक महत्त्वपूर्ण गुण उनका बहिर्मुखी होना है। अध्ययनों से उद्घाटित हुआ है कि बहिर्मुखी लोग प्रसन्नता का अधिक आनंद लेते हैं और ज्यादा सार्थक जीवन बिताते हैं। रॉबर्ट मैकक्रे एवं पॉल कोस्टा ने अधिक आयु के अमेरिकियों पर विस्तृत अध्ययन के पश्चात् बताया है, ''बहिर्मुखी

लोग जीवंत उल्लास प्रदर्शित करते हैं, जो कई अपेक्षाकृत अधिक आयु के स्त्री-पुरुषों को, शेष हम सबके लिए प्रेरणास्पद बना देता है। बहिर्मुखी लोग साधारणतया अधिक प्रसन्नचित्त एवं उच्च-उत्साही होते हैं।''

यह पाया जाता है कि बहिर्मुखीजन अन्य लोगों से मिलने-जुलने में अत्यंत सहज होते हैं; यहाँ तक कि अपरिचित लोग भी उनका पर्याप्त ध्यान पाते हैं। बहिर्मुखी व्यक्तित्व के धनी लोग दूसरों से शीघ्रता से संबंध बना लेते हैं। वे सामाजिक समूहों के साथ कहीं अधिक संबद्ध हो जाते हैं और सामान्यतया उनके मित्रों तथा परिचितों का समूह काफी बड़ा और अच्छा होता है। बदले में वे बेहतर सामाजिक अवलंब का आनंद पाते हैं और अपने चारों ओर प्यार, स्नेह एवं सम्मान प्राप्त करते हैं। उक्त विवरण से स्पष्ट होता है कि प्रसन्नता हमारे स्वाभिमान की भावना, जीवन पर नियंत्रण के भाव, आशावादिता तथा समाजीकरण की हमारी इच्छा पर निर्भर करती है।

इस परिप्रेक्ष्य में, यह पूछना संगत है कि क्या हम सचेतन प्रयासों द्वारा अपने व्यक्तित्व के नकारात्मक पहलुओं को छोड़ सकते हैं और प्रसन्नता के सकारात्मक गुणों को प्राप्त कर सकते हैं? एक विचारधारा का विश्वास है कि आनुवंशिकता हमारे व्यक्तित्वों को प्रभावित करती है एवं संभवतः गढ़ती भी है। यह बात काफी सीमा तक सच हो भी सकती है, परंतु इस बात में तो कदापि संदेह नहीं है कि हमारे पास संकल्पित एवं सचेतन प्रयासों द्वारा अपने भाग्य को बदलने तथा व्यक्तित्व के नए गुणों को अर्जित करने की शक्ति होती है।

> **''यह भी सच है कि हमारे पास होती है शक्ति अपने भाग्य को प्रभावित करने की, क्योंकि हम अपनी सामाजिक दुनिया के निर्माता भी हैं और प्राणी भी। हमारा वर्तमान हमारे अतीत का परिणामी हो सकता है; परंतु हम अपने भविष्य के शिल्पी भी है।''**
>
> *—डेविड जी. मायर्स*

हमारे मनोभाव एवं हमारे व्यवहार के बीच एक बहुत आकर्षक और किंचित् विवादास्पद अंतर्संबंध है। हममें से अधिकांश यह विश्वास करते हैं कि हमारे

व्यक्तित्व के गुण और हमारे मनोभाव हमारे व्यवहार को काफी कुछ निर्धारित करते हैं; परंतु इस बात के भी प्रबल प्रमाण हैं, जो संकेत करते हैं कि, हमारा व्यवहार भी प्रवृत्तियों को प्रभावित करता है। इसके बावजूद यह सुनिश्चित है कि सकारात्मक मनोभाव, अधिक प्रसन्नता एवं जीवन में कल्याण के भाव की ओर ले जाते हैं और इन्हें निश्चित रूप से सचेतन प्रयास तथा स्वीकार्य वातावरण के संसर्ग से अर्जित किया जा सकता है।

□

"मानव अपने मस्तिष्क के आंतरिक मनोभावों को बदल कर अपने जीवन के बाह्य पक्षों को बदल सकते हैं।"

—विलियम जेम्स

"जीवन की सबसे बड़ी प्रसन्नता यह विश्वास है कि हमें प्यार किया जा रहा है; हमें जो हम हैं, उसके लिए प्यार किया जा रहा है, या बल्कि जो हम हैं, उसके बावजूद हमें प्यार किया जा रहा है।"

—विक्टर ह्यूगो

अध्याय 10

प्रेम और आनंद

"जीवन की सबसे बड़ी प्रसन्नता यह विश्वास है कि हमें प्यार किया जा रहा है; हमें जो हम हैं, उसके लिए प्यार किया जा रहा है, या बल्कि जो हम हैं, उसके बावजूद हमें प्यार किया जा रहा है।"

—विक्टर ह्यूगो

प्रेम क्या है और यह किस प्रकार प्रसन्नता देता है ? यह एक सरल, पर उतना ही जटिल प्रश्न है। यदि हम प्रेम की परिभाषा एवं प्रसन्नता के साथ इसके संबंध पर विचार करें तो हम पाते हैं कि भिन्न-भिन्न देश-काल के लोगों ने प्रेम की परिघटना को विभिन्न प्रकार से परिभाषित किया है; पर समान सूत्र यह है कि प्रेम वह अनुभूति है, जो एक उन्नत, उदात्त, दैविक एवं सर्वाधिक चैतन्यता से इच्छित अनुभूति के रूप में पूर विश्व में अभिनंदित है। यह जीवन को अर्थवत्ता प्रदान करता है और दो आत्माओं, दो जीवों को एक सर्वाधिक सरल, सीधे परंतु फिर भी जटिल संबंध से जोड़ती है, जिसे परिभाषित करना सचमुच कठिन है।

यह एक तथ्य, एक घटना है, जो दो व्यक्तित्वों के एकाकार होने से उपजती है और ऐसी अनुभूति एवं तरंगें निर्माण करती है कि उत्पन्न तरंगें संबद्ध व्यक्तियों के

मध्य संबंधों की एक उच्च आवेशित एवं प्रबुद्ध केमिस्ट्री सृजन हो जाती है। कवियों, दार्शनिकों एवं विचारकों ने प्रेम को विभिन्न तरीकों से परिभाषित करने का प्रयास किया है; परंतु यह आज तक एक अनसुलझी गुत्थी ही बना हुआ है।

गोस्वामी तुलसीदासजी अपने पवित्र महाकाव्य 'श्रीरामचरितमानस' में निम्न पंक्तियों में वह संदेश वर्णित करते हैं, जो भगवान् श्रीराम ने सीताजी को तब भेजा था जब वे लंका में बंदिनी थीं—

''तत्व प्रेम कर मम अरु तोरा।
जानत प्रिया एकु मनु मोरा॥

सो मनु सदा रहत तोहि पाहीं।
जानु प्रीति रसु एतनेहि माहीं॥

प्रभु संदेसु सुनत बैदेही।
मगन प्रेम तन सुधि नहिं तेही॥''

(श्रीरामचरितमानस, सुंदरकांड)

(हे प्रिये! मेरे और तुम्हारे प्रेम का तत्त्व अर्थात् रहस्य एक मेरा मन ही जानता है। और वह मन सदा ही पास रहता है। बस, मेरे प्रेम का सार इतने में ही समझ लो। प्रभु का संदेश सुनते ही जानकीजी प्रेम में मग्न हो गईं। उन्हें शरीर की सुध न रही।)

यह विवरण सच्चे प्रेम के अभिप्राय एवं अर्थ को संप्रेषित करने में भाषा की मर्यादा एवं प्रकृति को प्रदर्शित करता है। कबीर, जो मध्य युग के एक प्रख्यात संत कवि, समाज-सुधारक तथा जमीन से जुड़े रहस्यवादी थे, ने प्रेम के महत्त्व पर बल देते हुए कहा है—

''पोथी पढ़ि-पढ़ि जग मुआ, पंडित भया न कोय।
ढाई आखर प्रेम का, पढ़े सो पंडित होय॥''

(इस संसार में लोगों ने पोथियों को पढ़ने में अपनी उम्र गँवा दी, पर कोई पंडित न हो सका; पर जिसने प्रेम का ढाई अक्षर पढ़ लिया वह समझो, सचमुच में पंडित हो गया।)

इसमें कोई संदेह नहीं है कि प्रेम प्रसन्नता का परमावश्यक एवं सर्वाधिक महत्त्वपूर्ण घटक है और यही कारण है कि यह राजा और प्रजा, संत और गृहस्थ, सभी की मनोभूमि को शासित करता है। कला क्षेत्र की अधिकांश रचनाएँ, चाहे वह कविता हो, चित्रकारी हो, नाटक हो, कथा-साहित्य हो या महाकाव्य हो—सभी सामान्यतया प्रेम की विषय-वस्तु पर आधारित होते हैं। साहित्य और मनोरंजन की पूरी दुनिया प्रेम और उसके उल्लास की संकल्पना के इर्द-गिर्द घूमती है।

इस धरती पर सभी प्रेम के लिए लालायित होते हैं। लोग प्यार के लिए कुछ भी करने को तैयार रहते हैं। प्यार के रिश्ते के सबसे आम तत्त्वों में जो चीजें शामिल हैं, वे हैं—आपसी समझ-बूझ, प्रिय के साहचर्य में आनंद और परस्पर अंतरंग, सहयोगी तथा प्रतिबद्ध होने की इच्छा। वास्तव में यह मन की एक ऐसी अवस्था है, जो, इसमें सम्मिलित भागीदारों को उन्नत, विस्तीर्ण एवं असीमित आनंदित होने की अनुभूति प्रदान करती है।

उत्कट प्रेम में निमग्न व्यक्ति को सारा संसार मुसकराता-सा प्रतीत होता है।

मनोविश्लेषक एंथोनी स्टॉर कहते हैं, "प्रेमी को सारा संसार प्यार करता है और प्रेमी सारे संसार को प्यार करता है।" अगर कोई व्यक्ति भाव-प्रवण प्रेम में निमग्न है तो सारा संसार उसे मुसकराता हुआ और अत्यंत सुंदर लगता है। सुप्रसिद्ध लेखिका एवं कवयित्री अमृता प्रीतम इन्हीं अनुभूतियों को प्रतिध्वनित करती हैं, जब वे कहती हैं, "अगर आप एक को प्यार करते हैं तो आप सबको प्यार करते हैं। आप सारे संसार को प्यार करते हैं।"

इस बात में किंचित् संदेह नहीं है कि प्यार, आनंद एवं प्रसन्नता का निर्झर है; पर यह भी देखा गया है कि इसका रोमांच और उल्लास तथा 'साथ-साथ जमीन से छह इंच ऊपर चलने' और 'बादलों के साथ बहने' जैसा अहसास अति उत्कट प्रेम संबंधों में भी बहुत देर तक नहीं टिकता।

प्राय: प्यार के साथ जुड़ी लालसा और उत्तेजना की तीव्र अनुभूति समय के साथ मंद पड़ जाती है और बोरियत, उदासीनता तथा असहिष्णुता घर कर लेती है। यह अधिकतर उन संस्कृतियों एवं समाजों में होता है, जहाँ प्रेम के भौतिक पक्ष पर

अत्यधिक बल दिया जाता है और परस्परावलंबन, प्रतिबद्धता एवं सामाजिक स्वीकार्यता के पक्षों को कम प्राथमिकता दी जाती है।

एक और विचारधारा है, जो प्रेम के आनंद, सुख एवं प्रसन्नतावाले सिद्धांत को नहीं मानती। ओशो के अनुसार, ''सामान्यतया जिसे हम प्रेम कहते हैं, वह प्रीति न होकर आसक्ति होती है। यह आत्म-विस्मृति का एक मार्ग है। यह किसी अन्य के माध्यम से स्वयं से बच निकलने का साधन है। इस प्रकार का प्रेम एक नशे की तरह होता है। यह किसी को दुःखों से मुक्त नहीं करता, यह केवल उसको व्यामोहित करता है और इसे सह्य बनाता है। यह प्यार का एक छलावा है, जो व्यक्ति के अपने दुर्भाग्य से जन्म लेता है।''

जरमेन ग्रीयर प्रेम के विषय में बिलकुल अलग राय रखती हैं वे लिखती हैं कि ''प्रेम, प्रेम, प्रेम—इसके समस्त अभागे शब्दाडंबर; एक भावुक मुद्रावाले मिथकशास्त्र के तहत अहंकार, लिप्सा, स्वपीड़न, फंतासी आदि का प्रच्छादन; एक स्वप्रेरित दुःखों एवं सुखों का आलोड़न;…साहचर्य के हिमीकृत भंगिमाओं, चुंबनों, दिनचर्याओं, आकांक्षाओं, शुभकामनाओं एवं कलहों में मूल व्यक्तियों को अंधताग्रस्त एवं प्रच्छादित करना, जो इसकी बंध्यता को पुनर्जीवित करती है।''

इसी प्रकार पैट बेनाटार लिखते हैं, ''प्रेम एक रणक्षेत्र है।'' मैक्स हेडरूम का दृष्टिकोण है, ''नर्म दूब पर चहलकदमियाँ…मोमबत्ती की रौशनी में मुसकराहटें, हर किसी चीज पर बहस…यह प्यार है।''

प्रेम ऐसी अद्वितीय एवं जटिल अनुभूति है कि हर व्यक्ति इसे अलग तरह से महसूस करता है, व्याख्यायित करता है और अपने जन्म-कर्म के स्वभावानुसार तथा अपने अवस्थिति एवं जीवन-दर्शन के अनुसार इसे स्वयं से संबद्ध करता है। यह आनंद, प्रसन्नता, दुःख, परिपूर्णता एवं कल्याण आदि के भावों को समावृत्त करता है। प्रेम को दो लोगों के बीच जीवन के अर्थ, संतुष्टि तथा प्रसन्नता हेतु परस्पर निर्भरता की अनुभूति के रूप में चित्रित किया जाता है। लेवेटर के अनुसार, ''प्रेम वह देखता है—जो कोई आँख नहीं देखती; प्रेम वह सुनता है, जो कान नहीं सुनते और जो मनुष्य के हृदय में जो भाव कभी नहीं उठा, प्रेम उस अनुभूति को प्रशस्त करता है।''

प्रेम अंतरंगता, लालसा एवं प्रतिबद्धता को समावृत्त करता है।

इस प्रेम के रूप में सर्वाधिक प्रशंसित, अभीप्सित अनुभूति की अनगिनत परिभाषाएँ और व्याख्याएँ हैं। प्रेम अपने समस्त रूपों एवं अभिव्यक्तियों में—चाहे यह बच्चों के लिए हो, माता-पिता के लिए हो, भाई-बहनों के लिए हो या फिर सैकड़ों ज्ञात-अज्ञात चीजों के लिए हो, दो लिप्सापूर्ण प्रेमियों के मध्य के प्रेम का तो कहना ही क्या-सदैव एक महान् अनुभूति रहा है, अलौलिक, दैवीय एवं उदैत्त।

प्रेम अपने घेरे में मनुष्य के तीन सर्वाधिक प्रभावशाली पक्षों को समाहित करता है—अंतरंगता, लिप्सा एवं प्रतिबद्धता। अंतरंगता अपने अंतिम उन्नयन को वहाँ प्राप्त करती है, जहाँ दो प्राणी अपनी अलग-अलग की पहचान का एकीकरण कर लेते हैं और परमानंद की प्राप्ति करते हैं। यह प्रेम की क्षमता एवं संभावना दरशाता है। परंतु, यह अंतिम परिणति विरले ही प्राप्त होती है।

आसक्ति या वासना प्रेमियों के बाह्य एवं कायिक पक्षों से संबंध रखती है और प्रेम संबंध को उपजाने, उसकी निरंतरता बनाए रखने और उसे अनुरक्षित करने के लिए आवश्यक आवेश एवं ऊर्जा प्रदान करती है। परंतु वासना एवं उत्तेजना के प्रक्षेत्र में 'प्राप्तियों के ह्रासकारी नियम' का खतरा भी है। प्रतिबद्धता एक सचेतन निर्णय है, दो व्यक्तियों का एक-दूजे को स्वीकार करने, एक-दूसरे की ईमानदारी में निष्ठा रखने और प्रतिक्षण प्यार के अहसास को पालने, सुदृढ़ करने तथा पुनर्नवीन करने का एक ऐच्छिक संकल्प है।

वस्तुतः प्रेम इन तीन तत्त्वों का एक स्वर्णिम सम्मिश्रण है और इसका महल इन तीन स्तंभों की सुदृढ़ता पर खड़ा है; और साथ ही संबद्ध व्यक्तियों की इस महल में नया प्राण एवं नई रहस्यात्मकता घोलने की उत्कट अभिलाषा पर भी।

प्रेम के सारतत्त्व का सारांश खलील जिब्रान ने अपने विश्व प्रसिद्ध पुस्तक, 'द प्राफेट' में निम्न पंक्तियों में अत्यंत सुंदरता के साथ निरूपित किया है—

"जब प्रेम करता है तुम्हें संकेत, उसका अनुसरण करो,
यद्यपि कठिन और दुर्गम हैं उसके मार्ग।
और जब समेटते हैं उसके पंख तुम्हें, समर्पित होओ उसे,
यद्यपि उसके पंख में छिपी तलवार
घायल कर सकती है तुम्हें।
प्रेम स्वयं के अतिरिक्त कुछ नहीं देता

और स्वयं के अतिरिक्त कुछ नहीं लेता।
प्रेम आधिपत्य नहीं जमाता, न ही हो सकता है इस
पर आधिपत्य;
क्योंकि, प्रेम के लिए प्रेम ही पर्याप्त है।''

प्रत्येक व्यक्ति ध्यान, प्रतिबद्धता एवं प्रेम के लिए लालायित रहता है। लोग प्यार के लिए जीते हैं और इसके लिए मरते भी हैं। दो प्रेमियों के मध्य प्यार की अनुभूति के अतिरिक्त अन्य विभिन्न घनिष्ठ संबंधों में भी प्रेम का तत्त्व विद्यमान रहता है। माता-पिता और बच्चों, पति-पत्नी, निकट संबंधियों तथा घनिष्ठ मित्रों के बीच के बंधन अन्य वे उदाहरण हैं, जहाँ चाहत और चिंताएँ अत्यंत उत्कट होती हैं और एक-दूसरे के कल्याण एवं प्रसन्नता की प्रतिबद्धता सर्वोपरि होती है। यह देखा गया है कि सभी प्यार के रिश्तों में कुछ तत्त्व सामान्य होते हैं; उदाहरणार्थ—विश्वास, प्रतिबद्धता, अतीव अनुराग, सम्यक् मेल-मिलाप, परस्परावलंबन की तत्परता जैसी अनुभूतियाँ और जो प्रिय है, उसके सान्निध्य में आनंद तथा सहजता की अनुभूति।

तथापि, प्रेम के परिवृत्त में मानवीय अनुभूतियों एवं आचरणों के कतिपय तत्त्व बिलकुल विशिष्ट हैं। प्यार में बहुधा संबद्ध युगल अपनी चाहतों की भौतिक अभिव्यक्ति के लिए उत्सुक रहते हैं और अपने संबंधों को अनन्य रखना चाहते हैं। इसके अतिरिक्त, तीव्र सम्मोहन एवं पारस्परिक श्लाघा की अनुभूतियाँ तथा एक-दूजे पर आधिपत्य की भावना किसी भी प्रेम-संबंध के अन्य प्रभावशाली घटक हैं। प्रेम संबंधों में असीम आनंद एवं उल्लास की अनुभूति अपने चरमोत्कर्ष पर होती है।

□

''प्यार का सच्चा मौसम वही है, जब हमें विश्वास होता है कि मात्र और मात्र हमीं प्यार कर सकते हैं; कि हमसे पहले कोई भी इस तरह से प्यार नहीं कर सका था और हमारे बाद भी कोई इस प्रकार प्यार नहीं करेगा।''

—गोथे

“पर आनंदित हैं वे, अपने जैसों में सर्वाधिक आनंदित जिन्हें सौम्य सितारे मिला देते हैं—और एक आस्था में उनके हृदय, उनके भाग्य और उनके अस्तित्व घुल-मिल जाते हैं।”

—थॉमसन

अध्याय 11

विवाह : आनंद का अभिनव संसार

"एक सुखी विवाह जीवन का नूतन प्रारंभ है; प्रसन्नता एवं उपयोगिता हेतु एक अभिनव प्रस्थान-बिंदु।"

–ए.पी. स्टैनली

यह सामान्य विश्वास है कि विवाहित लोग अकेले रहनेवाले लोगों की अपेक्षा जीवन से अधिक संतुष्ट एवं प्रसन्नतर प्रतीत होते हैं। मायर्स के अनुसार, "संयुक्त राज्य में 25 प्रतिशत से भी कम अविवाहित वयस्क पर लगभग 40 प्रतिशत विवाहित वयस्क, 'अति प्रसन्न' होना सूचित करते हैं; आनंद भरे एकल जीवन के टी.वी. छवियों और विवाह पर 'गुलामी', 'बेड़ियाँ' या 'जुआ' जैसी तीखी टिप्पणियों के बावजूद एक अटल सत्य शेष रहता है कि अधिकांश लोग—बिना जुड़े लोगों की अपेक्षा—जुड़कर ज्यादा प्रसन्न होते हैं।"

वेंडी वुड और उनके दल द्वारा अमेरिका में किए गए एक शोध में पाया गया है कि सभी शादियों में महिलाएँ अपने पुरुषों की अपेक्षा थोड़ा अधिक प्रसन्नता व्यक्त करती हैं। यह इसलिए हो सकता है, क्योंकि जब पति-पत्नी के बीच संबंध घनिष्ठ एवं सकारात्मक हों तो, महिलाएँ बहुत अधिक आश्वस्त अनुभव करती हैं।

संयुक्त राज्य अमेरिका में करीब दो-तिहाई विवाहित जनसंख्या अपने विवाह को 'अत्यधिक प्रसन्न' रहने का कारण पाती हैं। इसी प्रकार, लगभग 75 प्रतिशत लोग महसूस करते हैं कि उनके जीवन साथी ही उनके सबसे अच्छे दोस्त हैं। सर्वोपरि बात यह है कि विवाह एक महत्त्वपूर्ण संस्था है और विवाहित लोग कुल मिलाकर जीवन से प्रसन्न पाए जाते हैं।

पर यह कहना सही नहीं है कि जीवन में प्रसन्नता के लिए विवाह एक अनिवार्य एवं पर्याप्त शर्त है। विवाह में कोई प्रसन्नता अनुभव करे, इस बात के तार्किक कारण हैं। 'अकेले' रहने से मुक्ति के अतिरिक्त 'विवाहित स्थिति' एक नई भूमिका भी प्रदान करती है; क्योंकि आप किसी ऐसे व्यक्ति के जीवन साथी बन जाते हैं, जिससे आप गहराई से जुड़े हैं। इसके अतिरिक्त, जब बच्चे हो जाते हैं तब विवाह मातृत्व-पितृत्व की एक नई भूमिका की ओर ले जाता है। मातृत्व-पितृत्व पति-पत्नी दोनों को बिलकुल नई चुनौतियाँ एवं अवसर प्रदान करता है और उन्हें ऐसा आनंद एवं रोमांच देता है, जिसकी तुलना अन्य किसी सांसारिक उपलब्धि से करना कठिन है।

विवाह के साथ संबद्ध समस्त प्रसन्नता एवं वरदान के बावजूद यह पाया जाता है कि, पश्चिमी समाजों में कोई भी अन्य संस्था विवाह संस्था से अधिक समस्याओं और चुनौतियों का सामना नहीं कर रही है। यह पाया गया है कि यद्यपि चालीस वर्ष से अधिक उम्र के 95 प्रतिशत अमेरिकी नागरिक, विवाहित हैं; पर यह सत्य तब भी शेष रहता है कि यू.एस. में लगभग 50 प्रतिशत एवं कनाडा में 40 प्रतिशत शादियों का अंत तलाक में होता है।

चूँकि मानव व्यवहार आदर्श नहीं होता, अत: विवाह संस्था भी अन्य सभी संस्थाओं की तरह दबाव में है। पर यह समाज में एक अत्यंत प्राणवंत भूमिका निभाता है। एक संस्था के रूप में विवाह के तीन महत्त्वपूर्ण कार्य हैं; यौन-आचरण का नियमन उत्तराधिकार एवं विरासत का संस्थानीकरण तथा इन सबसे ऊपर सामाजिक नियंत्रण एवं सामाजिक व्यवस्था को परिपुष्ट करना। यह परिवार और अंतत: समाज को पवित्रता एवं स्थायित्व देता है। निश्चित रूप से विवाह सर्वाधिक आधारभूत एवं उदात्त संस्थाओं में

विवाह एक संस्था के रूप में अत्यंत प्राणवान् भूमिका का निर्वहन करता है।

से एक है; परंतु 'लिव इन' का नया चलन भी जोर पकड़ रहा है। बिना विवाह किए साथ रहने या 'लिव इन' की अवधारणा सारांश में विवाह संस्था का खुला खंडन है।

इस बात के संकेत हैं कि पश्चिमी यूरोप, यू.एस., ऑस्ट्रेलिया और स्कैंडिनेवियन देशों में लोग बिना औपचारिक रूप से विवाह किए हुए साथ रहने में काफी ज्यादा सुविधा महसूस कर रहे हैं। यू.एस. में इस समय 18 से 54 वर्ष के आयु वर्ग के 57 प्रतिशत लोग शादीशुदा हैं, जब कि करीब चौथाई सदी पहले 73 प्रतिशत लोग विवाह-बंधन में बँधे हुए थे।

विवाह संस्था को एक अन्य चुनौती यू.एस. एवं अन्य विकसित देशों में, जन्म नियंत्रण के साधनों की सरलता से उपलब्धि और गर्भ-समापन के कानूनों के बावजूद—एकल मातृत्व के उभरते हुए चलन से है। यू.एस. के नतीजे इशारा करते है कि बड़ी तादाद में 'लिव इन' जोड़े शादीशुदा जोड़ों के मुकाबले, ज्यादा नजदीकी और अंतरंग रिश्तों का आनंद उठाते हैं।

यह देखा गया है कि 'लिव इन' संबंधों में मिल-बाँटने और सहारा देने की ज्यादा उत्सुकता होती है—विवाह के आजीवन संबंध में बँधने हेतु एक-दूसरे की उत्सुकता एवं उपयुक्तता का आकलन करने के लिए।

> ***लिव-इन का प्रचलन भारत में भी स्वीकृति पा रहा है।***

'अमेरिकन काउंसिल ऑफ एजुकेशन' द्वारा किए गए एक सर्वेक्षण—जिसमें अमेरिकी कॉलेजों के करीब तीन लाख प्रथम वर्ष के छात्रों को आच्छादित किया गया है—में पाया गया है कि 51 प्रतिशत छात्र इस बात से सहमत थे कि अंतिम रूप से विवाह बंधन में बंधने से पूर्व युगलों को साथ-साथ रहना चाहिए। अब भारत में भी देखा जा रहा है कि 'लिव इन' का चलन महानगरों में पाँव पसार रहा है एवं धीरे-धीरे स्वीकृति पा रहा है।

मानव आसक्ति के उन्माद एवं मर्यादाहीनता का कोई अंत न होने के कारण 'लिव इन' संबंधों में भी सबकुछ ठीक-ठाक नहीं है। यू.एस. में किए गए अध्ययनों का निष्कर्ष है कि बिना 'लिव इन' के हुए विवाहों की तुलना में, 'लिव इन' के पश्चात् हुए विवाहों में अलगाव की दर अधिक है, शायद इस कारण से कि, जो लोग बिना विवाह बंधन में बँधें साथ-साथ रहने का निर्णय लेते हैं, वे युगल-बंधन

हेतु कम प्रतिबद्ध होते हैं।

साथ ही अन्य जोड़ों की तुलना में 'लिव इन' जोड़ों में प्रतिबद्धता की कमी बहुत ज्यादा अच्छा सामंजस्य रखेंगे एवं सफल विवाह का आनंद उठाएँगे; केवल एक कपोल कल्पना है; क्योंकि सफल 'लिव इन' संबंध बाद के सुखमय विवाह को सुनिश्चित नहीं करते हैं।

समाज-शास्त्री एवं जनसंख्याविद् सुखी विवाह के प्रमुख तत्त्व तलाश करने हेतु कठिन प्रयास कर रहे हैं। यह पाया गया है कि बहुत से युगल सुखमय विवाह की सांत्वना एवं ऊष्मा का आनंद जीवन भर उठाते हैं; जबकि अन्य अनिच्छापूर्वक विवाह का बोझ ढोते हैं और पीड़ा, चोट तथा अलगाव की अनुभूति का दंश झेलते हैं।

स्थिर आय एवं बेहतर शिक्षित अधिक प्रसन्न रहते हैं।

वास्तव में, वैवाहिक जीवन में प्रसन्नता सुनिश्चित करने का कोई निश्चित सूत्र नहीं है। यह बचपन के अनुभवों, पारिवारिक पृष्ठभूमि और दिन-प्रतिदिन की परिस्थितियों में एक दूसरे को समायोजित करने की तत्परता पर निर्भर होता है। फिर भी, यह पाया गया है कि जिन लोगों की स्थायी आमदनी एवं अच्छी शिक्षा होती है; जो अपेक्षाकृत छोटे शहरों में रहते हैं और जिनका धार्मिक रुझान होता है; वे विवाह से कहीं अधिक आनंद उठाते हैं और जीवन से कहीं ज्यादा संतुष्ट अनुभव करते हैं। पर, ऐसे कोई निष्कर्षात्मक साक्ष्य नहीं हैं, जो इंगित करते हों कि उपर्युक्त तत्त्व एक सुखी विवाह की ओर अवश्य ही ले जाएँगे।

प्रसन्नता के ताने-बाने में, विवाह एक अत्यंत महत्त्वपूर्ण घटक है।

ऊषा गुप्ता एवं पुष्पा सिंह द्वारा जयपुर में किए गए एक अध्ययन—जो 'इंडियन जर्नल ऑफ अप्लाइड साइकोलॉजी' में प्रकाशित है—ने पाया कि लंबे समय तक चले प्रेम संबंधों के बाद विवाह बंधन में बँधे युगलों ने महसूस किया कि अपने जीवन साथी के प्रति उनका प्यार पाँच वर्षों में घटना शुरू हो गया; पर जिनकी शादियाँ तय की गई थीं, उन्होंने एक साथ बिताए गए वर्षों के साथ-साथ परस्पर प्रेम में अभिवृद्धि होना सूचित किया। सर्वेक्षणकर्ताओं ने निष्कर्ष निकाला कि एक दशक बाद तयशुदा शादियाँ प्रेम विवाहों की अपेक्षा

ज्यादा प्रेम एवं स्नेह की साक्षी बनीं। परंतु पुनः वैवाहिक संबंधों में सफलता एवं प्रसन्नता के लिए कोई अंतिम सूक्त नहीं कहा जा सकता।

प्रसन्नता के ताने-बाने में विवाह एक अत्यंत महत्त्वपूर्ण घटक है। एक सफल विवाह साथ रहने से मिलनेवाली समग्र संतुष्टि, परिवार की सामाजिक एवं आर्थिक प्रतिष्ठा और तत्कालीन प्रभावी सामाजिक व सांस्कृतिक प्रवृत्तियों पर निर्भर होता है। वैवाहिक जीवन की समग्र गुणवत्ता एवं तत्परिणामी प्रसन्नता के लिए सर्वाधिक निर्णयात्मक घटक, दोनों जीवन साथियों द्वारा एक-दूजे का आत्मिक—सहचर बनने और जीवन-यात्रा में जो भी मिले उसका हर स्थिति, हर समय, हर परिस्थिति और हर मौसम में सच्चा भागीदार बनने का प्रयास है।

वार्त्ता, विमर्श एवं असहमति के लिए पर्याप्त स्थान होना चाहिए।

एक अन्य महत्त्वपूर्ण घटक, जो विवाहों को सफल बनाता और प्रसन्नता की ओर ले जाता है दोनों साझीदारों के बीच समानता की भावना है। जहाँ भी इसका अभाव है, वहाँ कष्ट एवं पीड़ा है। एक सहचर का दूसरे पर प्रभुत्व और चिड़चिड़ाहट अंततः अलगाव की ओर ले जाता है। भागीदारी करने और साथ होने की अनुभूति प्रसन्नता की कुंजी है। विवाह को समृद्ध करने के लिए उत्सुक, उपलब्ध एवं उत्साहित होने के सचेतन प्रयास की आवश्यकता होती है। साझीदारों को मात्र आनंद एवं प्रसन्नता ही नहीं, अपितु पीड़ा, भय एवं चिंताओं को भी बाँटने के लिए तत्पर होना चाहिए और दूसरे साथी के स्वप्नों एवं आकांक्षाओं के प्रति भी अत्यंत संवेदनशील होना चाहिए।

अनेक अध्ययनों ने उद्घाटित किया है कि सुखी विवाहित जोड़ों के बीच सहमति, स्वीकृति एवं साथ-साथ हँसने के अवसर असहमति, आलोचना एवं प्रभुत्व स्थापित करने के प्रयास की अपेक्षा कहीं ज्यादा होते हैं। पर, विवाह में प्रसन्नता का मुख्य सिद्धांत संबंध की ऊष्मा को दैनिक आधार पर समृद्ध एवं सुदृढ़ करने हेतु दोनों साझीदारों की तत्परता है।

विवाह में प्रसन्नता के लिए प्रत्येक साथी को, समस्त अभियानों में आधे से कुछ ज्यादा ही दूरी तक आगे बढ़ने के लिए तत्पर रहना चाहिए। रॉबर्ट स्टर्नबर्ग के अनुसार, ''यदि हर साथी जिंदगी की दौड़ में आधी से ज्यादा दूरी दौड़ने के लिए तत्पर हो तो विवाह संस्था के सफल होने की पूरी आशा है।''

रॉबर्ट स्टर्नबर्ग निष्कर्ष निकालते हैं कि "आगे फिर सुखपूर्वक जीते रहना जरूरी नहीं है कि कपोल कल्पना हो। पर, यदि इसे वास्तविकता होना है तो विभिन्न समयों पर प्रसन्नता को, रिश्ते में परस्पर अनुभूतियों के विभिन्न संरूपों पर अवश्य आधारित होना चाहिए। वे युगल, जो अपने लगाव को हमेशा रहनेवाला होने की अपेक्षा रखते हैं अथवा अपनी अंतरंगता को चुनौतीहीन समझते हैं वे निराशा हेतु प्रस्तुत हैं...हमें निरंतर समझदारी से अपने प्रेमपूर्ण संबंधों की रचना एवं पुनर्रचना करते रहना चाहिए।"

यह एक दृष्टव्य तथ्य है कि बिना संकल्पित प्रयास के शादियाँ क्षरणशील एवं बासी हो जाती हैं। इसी प्रकार, यह उक्ति कि 'घनिष्ठता अवमानना को जन्म देती हैं भी विवाह-संस्थान में संचालित होती हैं।

अतएव दोनों जीवन साथियों के मध्य वार्ता, वाद-विवाद और असहमति की पर्याप्त संभावना रहनी चाहिए। परस्पर सम्मान, एक-दूसरे के दृष्टिकोण को समझना और समायोजन तथा सहयोग के लिए सदैव तत्पर रहना सुखी विवाह के अत्यंत आवश्यक तत्त्व हैं।

दोनों साथियों के मध्य एक स्वस्थ एवं पूर्णतादायक, अंतरंग, भौतिक एवं भावनात्मक संबंध विवाहित जीवन का एक अन्य महत्त्वपूर्ण पक्ष है। भौतिक एवं भावनात्मक रिश्ते वैवाहिक जीवन के सुदृढ़, सुस्थिर, एवं स्थायी प्रासाद के नींव के पत्थर हैं। दोनों एक-दूजे पर निर्भर हैं और एक-दूसरे को साथ-साथ प्रभावित और मजबूत करते हैं।

भावनात्मक अंतरंगता, प्रेमपूर्ण संबंध एवं सर्वाधिक संतुष्टिकारी यौन जीवन सुनिश्चित करती है; और इसका उलट भी उतना ही सच है। विभिन्न शोधों एवं खोजों द्वारा यह सिद्ध किया जा चुका है कि संतोषजनक यौन संबंध, स्नेहमय एवं स्थायी भावनात्मक अंतरंगता सुखी विवाहित जीवन के लिए अति महत्त्वपूर्ण हैं।

दैहिक संबंध विवाहित जीवन की नींव के पत्थर होते हैं।

अमरीका के 'नेशनल ओपीनियन रिसर्च सेंटर' द्वारा कराए गए एक सर्वेक्षण के आधार पर यह पाया गया है कि सेक्स एवं प्रसन्नता का आपस में घनिष्ठ संबंध है। सुखी वैवाहिक जीवनवाले उत्तरदाताओं ने दुःखी वैवाहिक जीवनवालों की अपेक्षा 70 प्रतिशत

अधिक सेक्स सक्रियता सूचित की।

अत: यह एक बहुत जटिल जिज्ञासा है कि क्या विवाह में ज्यादा सुख और खुशी का आनंद उठाने वाले लोग अधिक शारीरिक संबंध रखते हैं अथवा जिनकी अत्यधिक सक्रिय 'सेक्स लाइफ' होती है, वे लोग जीवन में कहीं अधिक प्रसन्नता एवं आनंद प्राप्त करते हैं। इस पहलू के पक्ष-विपक्ष में अंतहीन बहस की जा सकती है; पर यह निश्चित है कि प्राय: परस्पर सक्रिय सेक्स लाइफवाले जीवन साथी अपेक्षाकृत अधिक बेहतर एवं आनंदित वैवाहिक जीवन व्यतीत करते हैं।

इसमें कोई संदेह नहीं कि वैवाहिक जीवन में सेक्स का अभाव इसे नीरस, स्नेह-शून्य एवं कुंठामय बना देता है। दैहिक संबंध बनाम प्रसन्नता की परिधि में एक अन्य संबद्ध पहलू इस संबंध की मात्रा एवं गुणता है। इस वाद-विवाद में गुणता का पलड़ा भारी है; क्योंकि यह एक स्थापित सत्य है कि इससे दैहिक संबंध अत्यधिक आनंद एवं पूर्णतादायक हो जाते हैं, यदि साझीदारों के बीच घनिष्ठ संबंध एवं परस्पर संयोजन हो। परस्पर प्रेम एवं स्नेह शारीरिक मिलन के सुख में प्रचुर अभिवृद्धि कर देते हैं।

दार्शनिक बर्ट्रेंड रसेल के अनुसार, "लोग अपनी सेक्स कामना की पूर्ण संतुष्टि प्रेम के बिना नहीं कर सकते।" मायर्स के अनुसार, "सेक्स एक जीवन को बाँधने एवं प्रेम का नवीनीकरण करनेवाली क्रिया है। परस्पर निष्ठा, विश्वास एवं विश्वसनीयता के अनुबंध के अंतर्गत जब इस तरह इसका आनंद उठाया जाता है तो यह अंतरंग प्रेम की हमारी अत्यावश्यक कामना की अभिव्यक्ति एवं संतुष्टि में परम सहायक होता है।"

मानव जीवन में स्वस्थ शारीरिक मिलन के महत्त्व के विषय में कई व्याख्याएँ मौजूद हैं। दो प्यार करनेवाले व्यक्तियों के बीच सेक्स संबंध के अतिरिक्त कोई अन्य मानव गतिविधि ऐसी नहीं है, जिसमें- अपना अहं एवं निजत्व खोकर और एक दूसरे में समाहित होकर एकाकार होने की क्षमता तथा संभावना हो।

विवाह में सेक्स प्रसन्नता हेतु एक निर्णायक तत्त्व है।

ओशो के अनुसार प्रेम यौन-ऊर्जा के रूपांतरण के अतिरिक्त और कुछ नहीं है। वास्तव में, यौन ऊर्जा ही आनंदातिरेक एवं दो व्यक्तियों के मध्य प्रेम के चरमोत्कर्ष के रूप में रूपांतरित होती है। कलियों का खिलना, मोर

का नाचना, लड़के-लड़कियों का किशोर से वयस्क होना—ये सभी वातावरण में शोभा, सौंदर्य एवं प्रसन्नता की अभिवृद्धि करते हैं और मानव मन को उस स्तर पर स्पर्श करते हैं, जिसे समझाना एवं जिसकी तर्कपरक व्याख्या करना कठिन है। दो व्यक्तियों के बीच सच्चा प्यार तब तक संभव नहीं है, जब तक कि उनमें मानसिक स्तर पर सेक्स की दिव्यता की अबाध स्वीकृति न हो। यौन ऊर्जा दैवी ऊर्जा है। यही कारण है कि यह नया जीवन सृजित करती है और एक नए जीव को संसार में लाती है। यह रहस्यात्मक है, यह अव्याख्येय है और प्रसन्नता परमानंद से परिपूर्ण है।

ओशो का मुख्य प्रतिपाद्य विचार उनकी इन धारणाओं का परिणाम है जो सेक्स को पवित्र एवं इसकी ऊर्जा को दैवी मानती हैं। उन्होंने सेक्स को श्मेडिटेशन के बराबर माना है, इस तर्क एवं व्याख्या के साथ कि दोनों ही अनुभूतियों में मन विचार-शून्य हो जाता है और यह विचार-शून्य हर्षोन्माद एवं चरम आनंद की अनुभूति की ओर ले जाती है।

प्रेम का सार समझने के लिए प्रथम आवश्यकता सेक्स को, इसकी पवित्रता को एवं इसके दैवत्व को स्वीकारना है। यदि पूर्ण स्वीकृति है तो आप मुक्त हो जाते हैं; सेक्स का मन पर से प्रभुत्व समाप्त हो जाता है। यौन मिलन अपने चरम बिंदु पर 'अहं-हीनता' एवं 'काल-हीनता' की स्थिति तक पहुँचाता है। भूत और भविष्य का अस्तित्व समाप्त हो जाता है; क्योंकि एक क्षण के लिए समय का कोई अस्तित्व नहीं रह जाता। यही अनुभूति परमानंद की ओर ले जाती है। यह वही अनुभूति है, जो ध्यान की अवस्था में प्राप्त होती है।

दो व्यक्तियों के मध्य आकर्षण दैहिक सौंदर्य के कारण नहीं होता। यद्यपि बाह्यताएँ अप्रासंगिक नहीं हैं, पर प्रेम और सेक्स 'अहं-हीनता एवं काल-हीनता' की अत्यंत तीव्र, पवित्र एवं दैवी अनुभूति हैं। खजुराहो मंदिर के बाहरी दीवारों पर विभिन्न सुस्पष्ट सेक्स भंगिमाओंवाली मूर्तियों का वर्णन करते हुए ओशो व्याख्यायित करते हैं कि मंदिर के गर्भगृह—जो एक ध्यान कक्ष था—में प्रवेश के लिए यह आवश्यक था कि भीतर जाने के पूर्व लोग सेक्स पर ध्यान केंद्रित करें एवं सेक्स की गरिमा को समझें।

चाहे हम ओशो द्वारा वर्णित सेक्स के तर्क एवं दर्शन से सहमत हों या असहमत, पर यह निश्चित रूप से मानव जीवन के सर्वाधिक महत्त्वपूर्ण पहलुओं में से एक है और निर्विवाद रूप से विवाहित जीवन में प्रसन्नता का एक निर्णायक तत्त्व

भी है। वास्तव में, स्त्री-पुरुष एक-दूसरे के लिए बनाए गए हैं और यह केवल दोनों का प्रेममय संयोजन है, जो परिवार और समाज को स्वास्थ्य, समृद्धि एवं प्रसन्नता के उद्देश्य तक पहुँचा सकता है। विवाहित जीवन में प्रसन्नता का सार अपने जीवन के अंत तक प्रेम, प्रतिबद्धता, परस्पर समायोजन, आनंद एवं एक-दूसरे की कमजोरी तथा परिपूर्णता के सम्मान में निहित है।

विवाह की संस्था समाज के नैतिक ढाँचे को सुनिश्चित करती है और इसकी अनुपस्थिति में नैसर्गिक स्नेह, सामाजिक सौजन्यता, पारिवारिक शिक्षा, ज्ञान एवं परिष्कार आदि एवं साथ ही गरिमा, मर्यादा, कला एवं संस्कृति तथा पीढ़ी दर पीढ़ी विरासत में मिले रीति-रिवाजों का विकसित होना एवं सुस्थिर रहना कठिन हो जाएगा। मनुष्य तब, हो सकता है कि, पुरातन सामाजिक अनुकूलनों की उन स्नेहशील कृपाओं पर फिर आश्रित हो जाए, जहाँ से सभ्यता का कारवाँ सामाजिक विकास के वर्तमान स्तर पर पहुँचने के लिए चला था।

□

''एक अच्छे साथी के साथ विवाह जीवन के तूफान में एक बंदरगाह है; एक अनुपयुक्त जीवन साथी का साहचर्य बंदरगाह में एक तूफान है।''

—जे.पी. सेन्न

"मैं इसे ठीक-ठीक समझा नहीं सकता, पर मुझे विश्वास नहीं है कि कोई, कभी बहुत लंबे समय तक दुःखी रह सकता है; यदि वह वही करे जो वह चाहता है और तभी करे, जब वह चाहता है।"

—इवलिन वॉ

अध्याय 12

जहाँ स्वास्थ्य, वहाँ प्रसन्नता

"स्वास्थ्य वह आत्मा है, जो जीवन के समस्त सुखों को अनुप्राणित करती है, जो इसके बगैर फीके पड़ जाते हैं और स्वादहीन होते हैं।"

—सर डब्ल्यू. टेंपल

कहा जाता है कि स्वस्थ मस्तिष्क-युक्त स्वस्थ शरीर सबसे बड़ी मानवीय समस्या है और यही मानव जाति की सबसे बड़ी आशा भी है। भौतिक एवं आध्यात्मिक जीवन का आनंद उठाने के लिए स्वस्थ एवं चुस्त-दुरुस्त रहना मनुष्य का नैतिक कर्तव्य है और मूलभूत आवश्यकता भी।

जीवन का उद्‌देश्य प्रसन्न एवं संतुष्ट रहना है। सारे सांसारिक प्रयास एवं धार्मिक कृत्य प्रसन्नता-प्राप्ति के उद्‌देश्य से संपादित होते हैं। इन सभी प्रयासों के लिए एक सतर्क तथा रचनात्मक मस्तिष्क के साथ एक स्वस्थ शरीर—साधन, माध्यम एवं उपकरण होता है। यदि हम अपने स्वास्थ्य पर ध्यान नहीं देते हैं तो समस्त संपदा, सामर्थ्य एवं प्रतिष्ठा निष्प्रयोज्य एवं निरर्थक सिद्ध होती है।

दिन-प्रतिदिन के कार्य-कलापों से लेकर सृजनात्मक प्रयासों तक के लिए

एक स्वस्थ शरीर एवं स्वस्थ मस्तिष्क अत्यंत आवश्यक है। जॉनसन के अनुसार, स्वास्थ्य समस्त सामाजिक सद्‌गुणों का आधार है। अगर हम स्वस्थ नहीं रहते हैं तो हम परिवार एवं समाज के लिए किसी काम के नहीं हैं।

बोवेन ने कहा है, ''एक सम्यक भद्र पुरुष होने का सबसे अच्छा प्रमाण स्वस्थ शरीर में स्वस्थ मस्तिष्क का होना है।'' इस प्रकार विभिन्न समाज-समूहों में ढेरों मुहावरे, सूक्तियाँ, लोकोक्तियाँ एवं दंतकथाएँ प्रचलित हैं, जो जीवन में प्रसन्नता सुनिश्चित करने में, अच्छे स्वास्थ्य के महत्त्व पर बल देते हैं।

श्रीमद्‌भगवद्‌गीता में भगवान् श्रीकृष्ण, तीन प्रकार के मनुष्यों के अस्तित्व का वर्णन करते हैं—

''त्रिविधा भवति श्रद्धा देहिनां सा स्वभावजा।
सात्त्विकी राजसी चैव तामसी चेति तां शृणु॥

सत्त्वानुरूपा सर्वस्य श्रद्धा भवति भारत।
श्रद्धामयो यं पुरुषो यो यच्छ्रद्धः स एव सः॥''

(श्रीमद्‌भगवद्‌गीता, अध्याय-17, श्लोक-2 एवं 3)

(हे अर्जुन! मनुष्यों की बिना शास्त्रीय संस्कारों के केवल स्वभाव से उत्पन्न हुई श्रद्धा सात्त्विकी और राजसी तथा तामसी ऐसे तीनों प्रकार की ही होती है, उसे तू मुझसे सुन हे भारत! सभी मनुष्यों की श्रद्धा उनके अंत:करण के अनुरूप होती है। पुरुष श्रद्धामय होता है, इसलिए जो पुरुष जैसी श्रद्धावाला है, वह स्वयं भी वही है अर्थात् जैसी जिसकी श्रद्धा है वैसा ही उसका स्वरूप है।)

प्रत्येक व्यक्ति अपनी अभिरुचि के अनुरूप जीवन व्यतीत करता है और उसकी अभिरुचि उसके पूर्व प्रभावों, उसकी शिक्षा, पर्यावरण एवं अनुवांशिकी पर निर्भर होती है। लोग अपने निर्णय अपनी अभिरुचि के अनुसार लेते हैं और यह उनकी आस्था का निर्धारण करता है। सात्त्विक आस्था अध्यात्म के क्षेत्र में ले जाती है, जबकि राजसिक एवं तामसिक आस्थाएँ क्रमश: सांसारिक एवं आसुरी वृत्तियों की ओर प्रवृत्त करती हैं।

श्रीमद्‌भगवद्‌गीता के सत्रहवें अध्याय में भगवान् श्रीकृष्ण ने तीन प्रकार के आहारों का वर्णन करते हुए व्यक्ति की प्रवृत्तियों को उसके प्रिय आहार से संबद्ध

बिलकुल समय नहीं है। इस बैठे रहनेवाली जीवन शैली ने मोटापे के युग का सूत्रपात किया है, क्योंकि ऊर्जा-संतुलन का पुराना समीकरण 'ग्रहीत कैलोरी, निष्क्रमित कैलोरी के बराबर होनी चाहिए', अपनी चूल से हट चुका है। इससे गंभीर बात यह है कि भोजन की मात्रा पर भी कोई अनुशासन नहीं रह गया है—युवा पीढ़ी के बीच 'जंक फूड' बहुत लोकप्रिय हो चुका है और लोगों के पास शारीरिक क्रिया-कलापों के लिए सामान्यतया कोई समय नहीं बचा है।

अत: इसमें कोई आश्चर्य नहीं है कि आज के समृद्ध समाज दो बड़ी चुनौतियों का सामना कर रहे हैं, जो मानवीय स्वास्थ्य और साथ ही जीवन की गुणवत्ता को भी प्रभावित करते हैं। इनमें से एक है मोटापा और दूसरा इसका सहगामी शारीरिक अक्रियाशीलता। दोनों में एक-दूसरे से कार्य-कारण का संबंध है और एक परिपूर्ण तथा प्राणवान् जीवन के लिए इससे प्राथमिकता से निपटने की आवश्यकता है।

अमेरिकी सरकार के रोग नियंत्रण एवं बचाव केंद्र के शारीरिक क्रिया एवं स्वास्थ्य शाखा के प्रमुख महामारी विशेषज्ञ जेराल्ड कोल, व्यायाम की महती आवश्यकता को रेखांकित करते हैं, जब वे कहते हैं, ''मोटापा, डायबिटीज, हृदयघात, उच्च रक्तचाप और कुछ प्रकार के कैंसर जैसे स्वास्थ्य-जोखिम हममें से अधिकांश के लिए सुपरिचित हैं, परंतु शारीरिक क्रियाशीलता इन सबसे ऊपर अपना अलग ही और दूरगामी लाभ देती है, जो कि यह भार नियंत्रण के रूप में प्रदान कर सकती है।''

वास्तव में व्यायाम हमारे स्वास्थ्य के लिए बहुत निर्णायक है, क्योंकि यह लिपिड-प्रोफाइल में सुधार लाकर, हृदय रोग के जोखिम को न्यून कर और संपूर्ण जीवनी शक्ति को बढ़ाकर हमारे हृदय के लिए चमत्कार कर सकता है। जेराल्ड कोल आगे कहते हैं कि ''चाहे आप नौजवान हों या अधेड़, यह आपकी हड्डियों के स्वास्थ्य को बनाए रखने में अत्यधिक मददगार है। इसके अतिरिक्त यह उच्च रक्तचाप-पीड़ितों के रक्तचाप को नियंत्रित रखने में मदद करता है, अवसाद और दुश्चिंता से प्रभावी राहत देता है और वृद्धावस्था में संज्ञानात्मक वृत्तियों को सक्रिय रखता है।''

अमेरिका के बफैलो विश्वविद्यालय में प्रोफेसर कार्लोस क्रेस्पो 'सोशल ऐंड प्रिवेंटिव मेडिसिन' के अनुसार, ''चुस्त-दुरुस्त होने की माप-जोख आसान नहीं

है। चुस्त-दुरुस्त होने का अर्थ दुबला-पतला होना नहीं है। इसका मतलब स्वस्थ रहना है।'' उन्होंने तंदुरुस्ती के निम्न सात संघटकों की पहचान की है—

- शारीरिक सौष्ठव
- हृद्-श्वसन क्रिया
- लचीलापन तथा गति की परिधि
- मांसपेशियों की दृढ़ता
- सहनर-शक्ति
- संतुलन
- फुरतीलापन एवं समन्वयन।

विश्व स्वास्थ्य संगठन के आँकड़ों के अनुसार, शारीरिक अक्रियाशीलता तथा व्यायाम का अभाव प्रतिवर्ष 19 लाख लोगों की मृत्यु के लिए जिम्मेदार है। अमेरिका की एक-तिहाई आबादी मोटापाग्रस्त है और करीब एक-चौथाई लोग स्पष्ट रूप से स्वीकार करते हैं कि वे किसी भी प्रकार के शारीरिक क्रिया-कलाप या व्यायाम पर कोई समय व्यय नहीं करते हैं। हांगकांग विश्वविद्यालय के अन्य अध्ययन ने पाया कि शारीरिक श्रम की कमी हांगकांग की हर पाँच में से एक मौत के लिए जिम्मेदार थी।

विकासशील देशों में आसन्न स्थितियाँ तत्काल ध्यानाकर्षण चाहती हैं। विश्व स्वास्थ्य संगठन के तत्त्वावधान में ए.सी. नेल्सन ने भारत, जापान, दक्षिण कोरिया, सिंगापुर, चीन, इंडोनेशिया और फिलीपींस में किए गए एक सर्वेक्षण में पाया कि भारत में 28 प्रतिशत, जापान में 47 प्रतिशत, चीन में 21 प्रतिशत तथा दक्षिण कोरिया में 33 प्रतिशत लोग कभी किसी शारीरिक व्यायाम में सम्मिलित नहीं होते और परिणामत: सिंगापुर में 7.4 प्रतिशत नागरिक, जापान में 5.3 प्रतिशत, दक्षिण कोरिया में 3.8 प्रतिशत तथा भारत में 3.0 प्रतिशत डायबिटीज और अन्य संबद्ध रोगों से ग्रस्त हैं।

दक्षिण कोरिया में एक अन्य अध्ययन का निष्कर्ष है कि हाल के वर्षों में माध्यमिक विद्यालयों के बच्चों में शारीरिक क्रिया-कलापों में 11 प्रतिशत की कमी आई है और हाई स्कूल के छात्रों ने तो स्वीकार किया कि वे शायद ही कभी व्यायाम करते हैं या किसी सार्थक शारीरिक क्रिया-कलाप में भाग लेते हैं। 'टाइम' पत्रिका के एक वृहद् सर्वेक्षण में स्वास्थ्य पर एक विशेष रिपोर्ट यह उल्लेख करती है कि

यूरोपियन यूनियन में 40 प्रतिशत जनसंख्या कभी किसी प्रकार के शारीरिक क्रिया-कलाप में सम्मिलित नहीं होती।

संयुक्त राज्य अमेरिका की सरकार द्वारा जारी भोजन संबंधी दिशा-निर्देश को हाल में ही अद्यतन किया गया है और अमेरिकी नागरिकों को सलाह दी गई है कि सामान्य स्वास्थ्य के लिए वे कम-से-कम 30 मिनट प्रतिदिन हलका शारीरिक श्रम अवश्य करें, वजन को नियंत्रण में रखने के लिए 60 मिनट प्रतिदिन श्रम करें और वजन में कमी सुनिश्चित करने के लिए 90 मिनट प्रतिदिन श्रमपूर्ण कार्यों में लगाएँ।

संयुक्त राज्य अमेरिका के रोग नियंत्रण केंद्र के श्री कोल के अनुसार, ''मध्यम तीव्रता की चाल का अर्थ 5 से 6 कि.मी. प्रति घंटा की गति से चलना है। यदि आप बातचीत जारी नहीं रख पाते और आपका हृदय तेजी से धड़कने लगता है तो संभवत: आप मध्यम से तीव्र गति की चाल में प्रवेश कर चुके हैं।'' टेक्सॉस राज्य के डल्लास में स्थित एक स्वास्थ्य शोध केंद्र कूपर इंस्टीट्यूट के चिकित्सा निदेशक डॉ. टिम चर्च के अनुसार, ''न्यूनतम संदेश 30 मिनट प्रतिदिन, सप्ताह में 5 दिन होना चाहिए।''

जर्मनी में स्वास्थ्य मंत्रालय ने स्वास्थ्य के लिए एक अभियान शुरू किया है और अपने नागरिकों के लिए प्रतिदिन 3,000 अतिरिक्त कदम चलने का लक्ष्य निश्चित किया है। अभियान का शुभारंभ करते हुए जर्मनी के स्वास्थ्य मंत्री ने बलपूर्वक कहा, ''व्यायाम को प्रतिदिन की जिंदगी के साथ जोड़ा जा सकता है, और इसे थका देनेवाला होना जरूरी नहीं है। व्यायाम आनंदकर है।''

यह चिकित्सीय रूप से सिद्ध सत्य है कि पच्चीस वर्ष की वय के बाद शारीरिक स्वास्थ्य के संदर्भ में मानव शरीर प्रतिवर्ष 1 प्रतिशत का क्षय अनुभव करता है। ऐसा आकलन किया गया है कि समुचित रूप से टहलने का व्यायाम समग्र स्वास्थ्य मात्र तीन माह में 15 प्रतिशत तक सुधार ला सकता है।

नियमित रूप से टहलना, संपूर्ण शारीरिक तंदुरुस्ती को मात्र तीन माह में सुधार देता है।

अखिल भारतीय आयुर्विज्ञान संस्थान (एम्स) के हृदय रोग विभाग एवं भारतीय चिकित्सा शोध परिषद् द्वारा 1594 महिलाओं के नमूने पर किए गए एक संयुक्त अध्ययन ने पाया है कि दिल्ली में मोटी महिलाओं

की जनसंख्या, विशेषकर 45-54 वर्ष के आयु समूह में, बढ़ रही है। सर्वेक्षण में शामिल महिलाओं में 47.6 प्रतिशत से अधिक अतिभार वाली पाई गईं और उनमें से 16.4 प्रतिशत का शरीर भार सूचकांक (बॉडी मास इंडेक्स या बी.एम.आई.) 30 या इससे अधिक था। विश्व स्वास्थ्य संगठन के मानकों के अनुसार, 25 या इससे अधिक बी.एम.आई. वाले लोग अतिभारवाले माने जाते हैं।

एम्स के हृदय रोग विभाग के प्रमुख डॉ. के.एस. रेड्डी के अनुसार, ''मोटापे का मूल कारण, ऊर्जा-समृद्ध, पौष्टिकता-विहीन भोजन का सेवन है, जिसमें शर्करा एवं संतृप्त वसा उच्च स्तर पर होती है और इन सबसे ऊपर शारीरिक श्रम का अभाव है।''

यह भली-भाँति ज्ञात है कि मोटापा दोनों प्रकार के डायबिटीज, हृद्धमनी रोग, उच्च रक्तचाप, हृदयाघात और यहाँ तक कि कतिपय प्रकार के कैंसर की ओर भी ले जा सकता है। डॉ. रेड्डी की संस्तुति है कि ''स्वास्थ्यकर भोजन और कम-से-कम 30 मिनट की अवधि का नियमित शारीरिक व्यायाम नितांत आवश्यक है। सब्जियाँ, फल, गिरियाँ एवं समूचे अनाज खाएँ।''

वास्तव में, शारीरिक स्वास्थ्य सुनिश्चित करने के लिए नियमित बाह्य शारीरिक व्यायाम के अतिरिक्त सबसे आसानी से अपनाए जा सकनेवाला विकल्प है, नियमित दिनचर्या के रूप में एक 'शारीरिक श्रमोन्मुखी जीवन शैली।' हम अपनी दिनचर्या में शारीरिक क्रियाशीलता के तत्त्व शामिल कर सकते हैं। ऐसी कुछ गतिविधियों को निम्नवत् सूचीबद्ध किया जा रहा है—

- गाड़ी को दूर पार्क करें एवं वांछित स्थल तक तेज कदमों से चलकर जाएँ।
- जहाँ कहीं संभव हो, एलीवेटर के स्थान पर सीढ़ियों और जीनों का प्रयोग करें।
- एक ही परिसर में रहनेवाले मित्रों एवं सहकर्मियों को फोन या ई-मेल करने के बजाय उनसे स्वयं चलकर मिलने जाएँ।
- किसी मित्र या अतिथि के स्वागत अथवा विदाई हेतु गलियारे तक अवश्य चलकर जाएँ।
- अपने पति/पत्नी के साथ घरेलू कार्यों को बाँटें, विशेषतया उन कार्यों को , जो श्रमसाध्य हों।
- रात्रिभोज के पूर्व अथवा पश्चात् टहलने की आदत डालें।
- शारीरिक सक्रियता वाली सामुदायिक सेवाओं में बढ़-चढ़कर हिस्सा लें।

- रिमोट कंट्रोल उपकरणों के प्रयोग से बचें।

उपर्युक्त सूची की गतिविधियों को अपने प्रतिदिन के जीवन का हिस्सा बनाना हृदय एवं श्वसन प्रणाली को बेहतर करने, मांसपेशियों को सुदृढ़ बनाने और बदन की चर्बी घटाने में सहायक हो सकता है।

तथापि, शारीरिक सौष्ठव में प्रभावी सुधार सुनिश्चित करने और एक सुनिश्चित समय सीमा में वजन घटाने के लिए नियमित एवं प्रभावी व्यायाम किए जाने की आवश्यकता है। संबंधित व्यक्ति की शारीरिक दशा एवं आवश्यकता के दृष्टिगत, व्यायाम की अवधि कम-से-कम 30 से 45 मिनट होनी चाहिए। परंतु ये व्यायाम सप्ताह के सातों दिन किए जाने आवश्यक हैं। कुछ व्यायाम, जिनकी प्रबल संस्तुति की जाती है, निम्नवत् हैं—

- एरोबिक व्यायाम, जैसे टहलना, तेज चलना, साइकिल चलाना और तैरना आदि; क्योंकि एरोबिक गतिविधियाँ शरीर की बड़ी मांसपेशियों को लयबद्ध गति में प्रयुक्त करती हैं और हृदय धमनियों की दशा को सुधारती हैं।
- बलवर्द्धक व्यायाम, जैसे भार उठाना जो मांसपेशियों की ताकत और सहनशीलता बढ़ाता है तथा हड्डी-घनत्व ठीक रखने एवं उपापचय प्रणाली को सक्रिय करने में सहायक है।
- खिंचाववाले व्यायाम, जो धीमी गति एवं आराम से किए जाते हैं, मांसपेशियों को लंबा करते हैं और लचीलेपन को बढ़ाते हैं।
- आसन एवं अन्य भौतिक व्यायाम, श्वास संबंधी व्यायामों सहित संपूर्ण शरीर-प्रणाली में सुधार लाते हैं।
- व्यायाम एक बार में अथवा टुकड़ों में किए जा सकते हैं। उदाहरण के लिए, सुबह 15-20 मिनट एरोबिक व्यायाम और शाम को लगभग 30 मिनट तेज चलना एक अच्छा संयोजन हो सकता है।
- तेज चलना सर्वाधिक लोकप्रिय एरोबिक व्यायाम है। तेज गति से चलना लगभग उतनी ही कैलोरी जलाता है जितना समान दूरी तक दौड़ना या जॉगिंग करना। तंदुरुस्ती के लिए 30 मिनट में लगभग 3.5 किलोमीटर चलना अच्छा है।
- जॉगिंग कम समय में ज्यादा कैलोरी जलाता है तथा सरल एवं सुविधाजनक भी है; परंतु यह श्रमसाध्य है और इसके लिए शारीरिक चुस्ती आवश्यक है।

- अमेरिकन पीडियाट्रिक मेडिकल एसोसिएशन के अनुसार, एरोबिक व्यायाम के लिए उचित जूते होना महत्त्वपूर्ण है। जूतों में पर्याप्त कुशनिंग तथा आघात सहन करने की क्षमता होनी चाहिए और उनमें अच्छा मध्यवर्ती-क्षैतिज स्थायित्व अवश्य होना चाहिए।
- यह देखा गया है कि एरोबिक व्यायाम का आघात शरीर के भार के छह गुने तक पहुँच सकता है। और पैर की प्रत्येक 26 हड्डियों तक संचारित होता है। तमाम क्षैतिज गतियों के कारण जूतों की संरचना इन बलों की प्रतिपूर्ति हेतु धनुषाकार होनी चाहिए।
- उपर्युक्त के अतिरिक्त, जूतों में पंजों के लिए समुचित जगह होनी चाहिए, जिससे पंजों और नाखूनों की जलन से बचाव हो सके।
- योग सर्वोत्कृष्ट व्यायाम है और 3,000 से अधिक वर्षों से व्यवहृत है। यह लचीलापन, बल, संतुलन और कई प्रकार की गतियों को बढ़ाता है। यह तनाव को भी कम करता है तथा कल्याण एवं उन्नयन की अनुभूति में वृद्धि करता है।

योग-व्यायाम में लयबद्ध मांसपेशी संचालन, श्वास-प्रश्वास तथा अन्य योगासन सम्मिलित होते हैं, जो खिंचाव, झुकाव एवं शिथिलीकरण आदि को सुसाध्य बनाते हैं। परंतु इसके लिए समुचित प्रशिक्षण एवं सुयोग्य योग-प्रशिक्षक के मार्गदर्शन की आवश्यकता होती है।

उपर्युक्त वर्णन से यह स्पष्ट है कि चुस्त-दुरुस्त रहने के लिए स्वास्थ्यकर भोजन एवं शारीरिक सक्रियता परम आवश्यक है, न केवल दिन-प्रतिदिन की आरामदेह जिंदगी के लिए, अपितु मानवीय प्रयासों के सर्वाधिक महत्त्वपूर्ण उद्देश्य—जो कि स्वस्थ एवं प्रसन्न रहना है—उसे प्राप्त करने के लिए। यह सामान्य अवलोकन की बात है कि हमारे विचार एवं अनुभूतियाँ, हमारे स्वास्थ्य तथा व्यवहार को अत्यधिक प्रभावित करते हैं। सकारात्मक विचार ईश्वर एवं मानव-सद्गुणों में आस्था व आत्म-विश्वास हमें ऊर्जावान् एवं प्राणवान् बनाते हैं; जब कि, स्व-संशय तथा दुश्चिंताएँ हमारे जीवन को नीरस और उबाऊ बनाती हैं।

हमारे विचारों एवं हमारे स्वास्थ्य में सीधा संबंध है। अरस्तू ने करीब 3,000 वर्ष पूर्व घोषणा की थी : "आत्मा एवं शरीर परस्पर सहानुभूतिमय प्रतिक्रिया करते हैं।" चार्ल्स डार्विन ने भी कहा कि मन-तन का संबंध मानव-व्यवहार के लिए महत्त्वूर्ण है। आधुनिक औषधि-शास्त्र के जन्मदाताओं में से एक सर विलियम

ओस्लर, ने लगभग एक शताब्दी पहले घोषणा की,''रोग से उबरने में सफलता अथवा असफलता में हमारे मस्तिष्क का बहुत बड़ा हाथ है।''

आज व्यापक रूप से स्वीकार किया जाता है कि मानव शरीर के तीनों पक्ष—केंद्रीय स्नायविक प्रणाली, जो विचारों, दृष्टिकोणों, भावों, संवेगों एवं स्मृतियों आदि को नियंत्रित करती है; अंत:स्रावी प्रणाली, जो हारमोनों को स्रावित करती है; और प्रतिरक्षण प्रणाली—परस्पर प्रगाढ़ रूप से संबंधित हैं और एक-दूसरे की क्रियाओं को प्रभावित करते हैं। कैलीफोर्निया विश्वविद्यालय के प्रोफेसर हावर्ड फ्रीडमैन ने मस्तिष्क एवं स्वास्थ्य के मध्य संबंध को विश्लेषित किया है और निष्कर्ष निकाला है कि अवसाद एवं चिंता की स्थिति में किसी बड़ी बीमारी के हो जाने की संभावना दुगुनी हो जाती है। प्रतिष्ठित 'न्यू इंग्लैंड जर्नल ऑफ मेडिसिन' में स्तन कैंसर के रोगियों के जीवित बच रहने के संबंध में छपे एक ताजा अध्ययन ने उद्घाटित किया है कि जिन रोगियों में 'जूझने की मनोवृत्ति' होती है, वे काफी लंबी अवधि तक जीवित रहते हैं।

कहा जाता है कि प्रसन्नता एक दिशा है, पड़ाव नहीं। यह एक यात्रा है, पर मंजिल कदापि नहीं। प्राय: देखा जाता है कि हम अपने दु:खों को गिनने एवं उनका वर्णन करने में बहुत रुचि लेते हैं, पर अपनी खुशियों की गणना के बारे में कभी नहीं सोंचते। हम भूल जाते हैं कि प्रसन्नता कुछ ऐसा जो हमारे पास नहीं है, उसे पा लेने से नहीं मिलती; अपितु यह जीवन के आशीर्वादों के प्रति चैतन्यता विकसित करने से प्राप्त होती है और स्वस्थ रहने, स्वस्थ तन में स्वस्थ मन रखने तथा जीवन के प्रति सकारात्मक दृष्टिकोण रखने से बड़ा कोई आशीर्वाद नहीं होता है।

□

"कभी अतिशीघ्रता मत करो; अत्यधिक व्यायाम करो;
हमेशा आनंदित रहो और आवश्यकतानुसार पूरी नींद लो;
और आप उम्मीद कर सकते हो कि आप स्वस्थ रहोगे।"

—जे.एफ. क्लार्क

"अधिकांश लोग लगभग उतने ही सुखी होते हैं, जितने के लिए वे अपना मन बना लेते हैं।"

—अब्राहम लिंकन

अध्याय 13

प्रसन्नता: एक जीवन-दर्शन

"प्रसन्न व्यक्ति किन्हीं विशिष्ट परिस्थितियों वाला व्यक्ति नहीं है, अपितु विशिष्ट अभिवृत्तियों वाला व्यक्ति है।"

—हग डाउंस

यदि कोई जीवन में कष्ट, दुःख या तनाव की बात करता है तो हर कोई इस पर विश्वास कर लेता है; पर यदि कोई कहता है कि वह बहुत सुखी है तो कोई उसे गंभीरता से लेने को तैयार नहीं होता। अधिकांश लोगों को यह सुनने में काफी अविश्वसनीय-सा लगता है। अपने अध्ययन में हजारों लोगों को सम्मिलित करके और उनके मन का सूक्ष्म निरीक्षण करके, व्यापक शोध के पश्चात्, साइमन फ्रायड ने पाया कि "मनुष्य प्रसन्नता के लिए अक्षम है। प्रसन्नता एक कल्पना है। मनुष्य कभी सुखी नहीं हो सकते।"

साइमन फ्रायड के निष्कर्ष घोर निराशावादी प्रतीत होते हैं, पर सच्चाई यही है कि धरती के समस्त प्राणियों में केवल मनुष्य ही ऐसा है, जो प्रसन्नता अथवा इसके अन्यथा के संबंध में स्वयं चयन करने की स्थिति में है।

मानव प्राणियों के पास प्रसन्न होने का विकल्प है, क्योंकि वे चेतना से संपन्न हैं—एक ऐसी विशिष्ट योग्यता, जिसका वरदान अन्य प्राणियों को नहीं मिला है।

जीव एवं वनस्पति जगत् के अन्य सभी प्राणियों का—जन्म, जरा, क्षय एवं मृत्यु वाला—एक निश्चित जीवन-चक्र होता है, जो एक सुनिश्चित प्रणाली में, जीव के अस्तित्व द्वारा विनिर्दिष्ट होता है और इस संबंध में, मनुष्य सहित, समस्त प्राणियों द्वारा, स्वयं कुछ अधिक नहीं किया जा सकता।

परंतु मनुष्य इस अर्थ में अपनी विशिष्ट स्थिति रखता है कि वह अपना संसार स्वयं रचने और अपने भाग्य का स्वामी होने की क्षमता से संपन्न है। पर, कोई नहीं जानता कि मानव सभ्यता के विकास क्रम में क्या चूक हुई, जब मनुष्यों ने सचेतन रूप से जरा-जरा सी बात पर दुःखी एवं अप्रसन्न हो जाना चुन लिया। वास्तव में, यह हमारे दृष्टिकोण एवं जीवन-दर्शन पर निर्भर करता है कि हम सुखी और संतुलित जीवन बिताते हैं या फिर स्वयं को पूरी तरह दुःखी और अपूर्ण अनुभव करने के लिए कारणों और बहानों की शृंखला विकसित कर लेते हैं।

> प्रसन्नता हमारे जीवन-दर्शन पर निर्भर है।

जब हम अपने अस्तित्व एवं जीवन-गति की लय के साथ विकसित होते हैं, तो हमारा हर कृत्य विशुद्ध आनंद का स्रोत या प्रसन्नता का एक कारण बन जाता है। पर, यह देखा गया है कि सभ्यता की यात्रा के साथ मनुष्य का जीवन अधिकाधिक जटिल हो गया है और उत्तरोत्तर उसका संपर्क, प्रकृति के तत्त्वों—पृथ्वी, अग्नि, जल, वायु एवं आकाश—से टूट गया है। युगों के बीतने के साथ मानवीय आचरण में ऐसा कुछ घट गया, जो हमने स्वयं दुःखी एवं अप्रसन्न होने तथा दूसरों को भी ऐसा ही कर देने की एक सुस्थापित क्रियाविधि विकसित कर ली है।

आज जैसा कि समाज में चलन है, हम सभी आनंद को धन-दौलत, ताकत, प्रतिष्ठा और पहचान में तलाश रहे हैं। ये कभी समाप्त न होनेवाले रास्ते हैं और हमें कहीं भी नहीं ले जाते। इस प्रक्रिया में हमने उन आभ्यांतरिक मूल्यों का परित्याग कर दिया है, जो हमारे अस्तित्व को अर्थवान बनाते हैं और जो हमारे जीवन के वास्तविक सार हैं—हमारी प्रसन्नता, आनंद, आह्लाद आदि। इन पक्षों की प्राप्ति उत्तरोत्तर कठिन हो गई है—एक भूतकाल की बात, एक कल्पना की बात, जो हमारी मुट्ठी से तेजी से फिसलती जा रही है।

आनंद की अनुभूति अब स्वप्नों, कविता और कल्पना की वस्तु हो गई है। लोगों को अपने सुख की चर्चा करते हुए पाना कठिन है। पर, यदि हम लोगों को

अपने दुःख का वर्णन करते हुए देखें तो हमें वहाँ एक झलकती हुई खुशी और उनकी आँखों में एक चमक मिलेगी। लोग प्रायः अपने कष्टों को अतिरंजित करने की ओर प्रवृत्त हो जाते हैं, जिससे नकारात्मक अनुभूतियों का एक अनवरत क्रम चल निकलता है और एक दुष्चक्र गतिमान हो उठता है।

जीवन को स्वीकार करने का भाव प्रसन्नता के लिए आवश्यक है।

हम दुःखी होने के लिए अपने-अपने कारण एवं तर्क चुनते हैं। हम जीवन की धाराओं के साथ बहने का प्रयास नहीं करते। हम नदियों का बहना या तारों का झिलमिलाना नहीं देखते; चिड़ियों का चहचहाना, बारिश की बूँदों की ध्वनि या बादलों की गरज ध्यान से नहीं सुनते; या उन्मुक्त होकर बिजली की चमक निहारने का प्रयास नहीं करते। हम भूल चुके हैं कि अपना अहं एवं घमंड कैसे त्यागा और प्रकृति के साथ कैसे एकाकार हुआ जाता है।

मनुष्य हर एक को पूर्णतया दुःखी बनाने के लिए इच्छाओं, युक्तियों तथा कुचक्रों का एक जटिल संजाल बुनने में सक्षम है। प्रसन्नता के लिए सचमुच जो चाहिए, वह है जीवन को स्वीकारनेवाला भाव एक प्रसन्नता का भाव। जीवन के हर क्षण का आनंद उठाना; जीवन के इस उपहार का उत्सव मनाना; उगते हुए सूर्य, तारों के झिलमिलाने और रात्रि की नीरवता का वैभव देखना और जीवन की धाराओं के साथ बहने की चेतना विकसित करना आजकल एक दुर्लभ गुण हो गया है।

यद्यपि, प्रकृति के ये दैवी पक्ष देखने और जुड़ने के लिए उपलब्ध हैं, पर जीवन के अपने विचित्र दृष्टिकोण के कारण हम अस्तित्व के वैभव एवं भव्यता से वंचित रह जाते हैं। प्रसन्नता के 'मैट्रिक्स' में मूल बिंदु जीवन को गले लगाने और इसके प्रवाह के साथ-साथ बहने के लिए इच्छुक एवं तत्पर होना है। आनंद से परिपूर्ण एवं प्रसन्न होने के लिए आपको अपनी जीवन-दृष्टि, जीवन का दृष्टिकोण तथा जीवन से अपनी अपेक्षाओं को बदलना होगा।

प्रसन्नता हमारी चेतना के स्तर एवं दिशा पर निर्भर होती है। अमीरी और विलासिता की खोज में लगे हुए लोग, जो धन एकत्रित करने में ही व्यस्त हैं—के लिए सुख ही सबकुछ है। सुख को इच्छित दैहिक अनुभूति तथा शरीर के विभिन्न ज्ञानेंद्रियों द्वारा 'अनुभूत प्रसन्नता' एवं संतुष्टि पाने के प्रयास के रूप में परिभाषित कर सकते हैं। हम सभी इसी व्यर्थ की कवायद में रात-दिन लगे रहते हैं।

पर, सच तो यह है कि शरीर केवल क्षणिक सुखों का अनुभव करने में ही सक्षम है, यथा—भोजन, सेक्स, गंध, स्पर्श इत्यादि के सुखों का। ये सुख सारवान नहीं हैं। अधिक-से-अधिक ये विचलन हैं; एक प्रकार का चित्त-विक्षेप—सांसारिक जीवन के नीरस एवं उबाऊ स्वरूप से एक प्रकार का अस्थायी पलायन।

जीवन के स्वभाव के विषय में गंभीर चिंतन-मनन करने से यह सत्य उद्घाटित होता है कि सच्ची प्रसन्नता कभी भी धन-परक अथवा प्रतिष्ठा और शक्ति-परक नहीं होती है; अपितु यह पूर्णरूपेण व्यक्तिपरक घटना है। जीवन के प्रति लापरवाह स्वभाव रखनेवाले व्यक्ति के लिए ऐंद्रिक सुखानुभूतियाँ एवं मिथ्या अहं प्रसन्नता के निर्णायक तत्त्व होते हैं। ऐसे व्यक्ति एक से दूसरी विषयानुभूति की ओर जाते हुए अपना जीवन जीते हैं और जीवन के भौतिक रोमांचों को पाने में विस्मयकारी प्रयास एवं ऊर्जा व्यय करते हैं। वे किसी अर्थ या गहराई से हीन एक सतही जिंदगी ही जीते हैं।

सच्ची प्रसन्नता व्यक्तिपरक होती है।

जीवन जीने का यह ढर्रा नीरस दिनचर्या से क्षणिक छुटकारा तो देते हैं, पर जीवन पुनः उसी पुराने ढर्रे में वापस लौट आता है। आहार में परिवर्तन, मूल्यवान् परिधानों का उपयोग और विविध प्रपंचों में संलिप्तता आदि कभी भी सच्ची प्रसन्नता नहीं देते। यह जीवन शैली अधिकतम केवल एक क्षणिक रोमांच देती है; और फिर दुबारा उसी एकरसता एवं खालीपन में प्रत्यावर्तित हो जाती है। ऐंद्रिक सुख कभी भी सच्ची और स्थायी प्रसन्नता की ओर नहीं ले जा सकते। प्रसन्नता सुनिश्चित करने के लिए आपको अपने जीवन में और अधिक अर्थ एवं सार का समावेश करना होता है।

ऐसा देखा जाता है कि कोई व्यक्ति, जो अपनी उच्चतर क्षमताओं के प्रति अधिक जागरूक है और अपने जीवन से अधिकतम प्राप्त करने के प्रति गंभीर है; निरपवाद रूप से जीवन के सूक्ष्मतर पक्षों, नामतः कला, संस्कृति, संगीत, दर्शन आदि के प्रति आकर्षण विकसित कर लेता है। ऐसा व्यक्ति शीघ्र ही कविता, संगीत, नृत्य, चित्रकला तथा कला एवं संस्कृति के अन्य पक्षों का आनंद उठाने की क्षमता विकसित कर लेता है। वह प्रकृति की सुषमा एवं गरिमा को ज्यादा अच्छी तरह परखने और उनसे आनंदित होने की योग्यता रखता है—एक औसत मनुष्य से कहीं अधिक।

ऐसा व्यक्ति अपने जीवन की गुणवत्ता को अत्यधिक समृद्ध कर लेने में पूर्णतः सक्षम होता है। आकाश का अनंत विस्तार, इंद्रधनुष के रंग, रात्रि की नीरवता—आदि उसके हृदय को आनंद एवं प्रसन्नता से भर देते हैं। ऐसे व्यक्ति का जीवन कहीं अधिक सार्थक एवं समृद्ध हो जाता है। यद्यपि यह अवस्था भी जीवन का अंतिम उद्देश्य नहीं होती, पर ऐसा व्यक्ति निश्चित ही सही दिशा में बढ़ रहा होता है—उस दिशा में जो सच्ची और स्थायी प्रसन्नता के लक्ष्य की ओर ले जा सकती है।

सच्ची प्रसन्नता क्या है और हम इसे कैसे पा सकते हैं? इस पहलू पर युगों से विचारकों और दार्शनिकों की कई पीढ़ियों द्वारा वाद-विवाद होता रहा है; पर कोई सर्वमान्य निष्कर्ष नहीं निकला है। परिणामों के सार इंगित करते हैं कि संस्कृति और जीवन-दर्शन समाज में प्रचलित विश्वास एवं परंपराएँ जिस समाज में हम रहते हैं उसकी मनोवृत्ति आदि वे महत्त्वपूर्ण घटक हैं, जो मानव-प्रसन्नता को प्रभावित करते हैं। संतुलित मनोभाव, विवेक और गंभीर स्वभाव पर आधारित जीवन में सच्ची प्रसन्नता के लिए सही वातावरण निर्मित करने की क्षमता होती है।

हमारी संस्कृति, दर्शन एवं मनोभाव हमारी प्रसन्नता का निर्धारण करते हैं।

जो व्यक्ति अपनी विचार-प्रणाली का अनुश्रवण करने और अपने विचारों तथा सांसारिक इच्छाओं की तरंगों को नियंत्रित करने में सक्षम होता है वह सच्चे आनंद एवं वास्तविक प्रसन्नता के लिए तैयार है। जब कोई व्यक्ति अस्तित्व की इस अवस्था को प्राप्त कर लेता है तो उसके लिए फिर भूत और भविष्य प्रासंगिक नहीं रह जाते। वर्तमान क्षण ही एकमात्र ऐसा क्षण होता है, जो उसके लिए महत्त्वपूर्ण है। यही परम आनंद का क्षण है। यही सच्ची प्रसन्नता का क्षण है। यह एक ऐसी घटना है, जिसका जीवन की बाह्यताओं से कोई संबंध नहीं होता और जो पूर्णतया एक आभ्यांतरिक घटना है।

यह देखा जाता है कि प्रकटतया महत्त्वाकांक्षी व्यक्ति जीवन में सर्वाधिक दुःखी होता है। यद्यपि प्रसन्नता शब्द भिन्न-भिन्न लोगों के लिए भिन्न-भिन्न अर्थ रखता है, पर हम प्रायः सापेक्ष प्रसन्नता की अवधारणा की बात कर रहे होते हैं। संयुक्त राज्य अमेरिका का संविधान प्रसन्नता की खोज को अपने नागरिकों का जन्मसिद्ध अधिकार घोषित करता है। पर, दुनिया का सबसे धनी देश होने, और सर्वाधिक विकसित देश का स्थान पाने तथा एक महाशक्ति होने के बावजूद सच

यही है कि अमेरिकावासी दुनिया में सर्वाधिक दु:खी लोग प्रतीत होते हैं।

यह कहा जाता है कि प्रसन्नता किसी कर्म अथवा प्रयास का सीधा परिणाम नहीं है। यह हमारी विचार-प्रक्रिया, कर्मों के समुच्चय तथा जीवन-दर्शन का उप परिणाम है। नोबेल पुरस्कार की प्राप्ति या चिर-अभिलाषित शिशु का जन्म या एवरेस्ट शिखर पर विजय भी शायद हमें प्रसन्न नहीं रख सकते। यद्यपि अधिकांश लोग यह विश्वास करते हैं कि ऐसे प्राप्तिकर्ता एवं उपलब्धिकर्ता उस क्षण विशेष में हर्ष के चरम स्तर तक आनंदित होते हैं। पर फिर भी यह सत्य शेष रह जाता है कि कुछ समय पश्चात् लोग पुन: उसी रिक्तता एवं जीवन की निरर्थकता का अनुभव करने लगते हैं।

प्रसन्नता की तलाश अपने आप में एक काफी जटिल विचार है। प्राचीन काल के साधुओं एवं ऋषियों ने आनंद तथा प्रसन्नता का अनुभव किया, पर यह कभी भी उनके प्रयासों या तपस्या का परिणाम नहीं था। यह सामान्य रूप से उनकी विचार प्रक्रिया या जीवन-शैली का एक गौण उत्पाद या बल्कि एक हिस्सा भर था।

जब हम किसी निश्चित लक्ष्य की कामना या उसका संधान करते हैं तो इसमें हमारे घोर प्रयास सम्मिलित होते हैं। उस पर, जिस का संधान हो रहा है वह, प्राप्त हो भी सकता है और नहीं भी। अतएव हम एक चिंता एवं अनिश्चितता की अवस्था में होते हैं। अत: प्रसन्नता केवल विश्रांति की चित्तवृत्ति में हो सकती है, जब भय, संशय और सांसारिक मोह का सर्वथा अभाव हो।

> *प्रसन्नता केवल विश्रांति की चित्तवृत्ति में ही संभव है।*

बुद्ध का उदाहरण एक संकेत है कि सुख एवं सांसारिक उपलब्धियाँ कभी सच्ची प्रसन्नता की ओर नहीं ले जा सकतीं। अपने परिवार एवं राज्य को त्यागने के पश्चात् राजकुमार सिद्धार्थ विभिन्न विद्वान् शिक्षकों, पंडितों और प्रसिद्ध साधु-संतों से मिले। उन्होंने अति घोर तप भी किया, पर फिर भी उनका चित्त विक्षुब्ध और अशांत ही रहा। अंततोगत्वा शांति उन पर केवल तब अवतरित हुई जब उन्होंने अपने सारे प्रयास छोड़ दिए और अपने अंतर में चिंतन किया। प्रयासों से मुक्ति उन्हें जागृति एवं परमानंद की ओर ले गई। जिस प्रशांति को उन्होंने इतने लंबे समय से चाहा था, वह अंतत: उन पर उदित हुई और राजकुमार सिद्धार्थ, बुद्ध अर्थात् ज्ञान-संपन्न हो गए।

अतः काम्य एवं उदात्त आदर्शों का संधान और सांसारिक उद्देश्यों का भी—बिलकुल उचित है और यह वस्तुतः जीवन-प्रक्रिया का ही हिस्सा है; पर यह विश्वास कि केवल इसी के फलस्वरूप अंतिम परिणाम के रूप में प्रसन्नता मिल जाएगी, संदेहास्पद है। हर्ष या परमानंद स्वयमेव घटित होता है और यह कुछ ऐसा है, जो भीतर से आता है बाहर से कभी नहीं। यही कारण है कि हम इसे 'प्रसन्नता' कहते हैं। यह परिस्थितियों से पूर्णतया निरपेक्ष व प्रसन्न होने की अवस्था है।

> *प्रसन्नता पूर्णतया भीतर से आती है।*

सुख प्रसन्नता के लिए मानव-उपक्रम का सबसे निचला और सतही पहलू है। यह इंद्रियगत संवेदन है, ऐंद्रिक उद्दीपन है और भोजन, वस्त्र, सांसारिक समृद्धि, सेक्स या शरीर एवं संवेदी इंद्रियों से सीधे संबंधित किसी भी अन्य उपक्रम पर आधारित है। भौतिक सुख की एक अन्य महत्त्वपूर्ण विशेषता यह है कि यह अपना स्रोत बाह्य उपादानों से प्राप्त करता है। एक ऐसा भी दिन आता है, जब वही वस्तु उल्लास का कारण नहीं रह जाती। यह सामान्य रूप से देखने की बात है कि हम वही भोजन प्रतिदिन नहीं करना चाहते न ही वही कपड़े, चाहे वे कितने भी मूल्यवान् क्यों न हों, प्रतिदिन पहनना चाहते। इसी प्रकार उन व्यक्तियों से आसक्ति, जिनकी हम कभी प्रशंसा और जिनके बारे में तमाम कल्पनाएँ किया करते थे, समय के साथ शनैः-शनैः घट जाती है। भौतिक सुख की यही प्रकृति है, जो वास्तव में सच्ची प्रसन्नता देने में अक्षम है।

मस्तिष्क सदैव हलचल में एक आंदोलित अवस्था में एवं सदैव नए रोमांच और नए सुखों की तलाश में रहता है। यह सदैव किसी नई चीज को खोजता है और नई इच्छाओं, नई आशाओं एवं नए सम्मोहनों के जंजाल में यह दौड़ जारी रहती है। यह एक शृंखलाबद्ध प्रतिक्रिया प्रारंभ करती है और मानव जीवन की वास्तविक क्षमता लोभ, मोह, काम, क्रोध, अहं एवं ईर्ष्या के जाल में फँसकर व्यर्थ हो जाती है। इन सबका कोई अंत नहीं है। सुख स्वयं में भी एक बीतता हुआ क्षण है, एक क्षरित होता हुआ अनुभव और कभी भी सच्चा आनंद नहीं देता। वास्तव में, इसका अतिरेक गहरे अवसाद को जन्म दे सकता है।

सच तो यह है कि जब हम जीवन तथा इसके उद्देश्यों के बारे में गंभीर चिंतन-मनन प्रारंभ कर देते हैं तो प्रसन्नता की यात्रा का अगला चरण खुल जाता है। सुख की निरर्थकता और रिक्तता का अपने अंदर से होनेवाला बोध अग्रेतर यात्रा का

पहला चरण है। यह निश्चित रूप से एक दुर्लभ बोध है, जो हमें चेतना के उच्चतर धरातल तक ले जाता है। यह किसी के भी जीवन की एक महान् घटना है और पूर्णतया उसके स्वयं के भीतर से घटती है। यह एक परम शांति एवं प्रशांति की अवस्था में ले जाती है।

परमानंद मानव अस्तित्व का अंतिम लक्ष्य है।

कई दार्शनिकों एवं जिज्ञासुओं के अनुसार, सत्य के पश्चात् धरती पर मानव अस्तित्व का अंतिम लक्ष्य—प्रसन्नता की तीर्थयात्रा का अंतिम पड़ाव—'परमानंद' होना चाहिए। विभिन्न विचारकों एवं दार्शनिकों ने इसे अलग-अलग तरह से परिभाषित किया है। कुछ के अनुसार, यह वह घटना है, जब कोई अपने अंतरतम व्यक्तित्व से एकाकार होकर कालहीन तथा शाश्वत अस्तित्व की स्थिति में प्रवेश करता है। यह, किसी व्यक्ति के अंतरतम स्तर से होनेवाला एक विचित्र बोध, एक रहस्योद्घाटन है और जैसे किसी को अपने ही आंगन में एक विशाल कोष हाथ लग जाए—इससे मिलती-जुलती अनुभूति है। यह चेतना के परे की एक अनुभूति है।

उपनिषद इस घटना को चेतना का महाचेतना से मिलन—ठीक वैसे ही जैसे कि नदी सागर से मिलकर उसके अस्तित्व का एक समग्र हिस्सा हो जाती है और फिर नदी बिलकुल नहीं रह जाती है—कहकर परिभाषित करते हैं। यह समुद्र के साथ एकरूप हो जाती है और नदी का अस्तित्व एक सागरीय अस्तित्व प्राप्त कर लेता है।

प्रसन्नता का सार एक शांत जीवन बिताना तथा आनेवाले हर क्षण का आनंद उठाना है और प्रकृति तथा जीवन के साथ समरसता विकसित करना है। अहं एवं ईर्ष्या प्रसन्नता की राह में सबसे बड़ी बाधाएँ हैं। ये हमें कहीं नहीं ले जातीं और प्रसन्नता की यात्रा में सबसे बड़ी मार्गबाधा हैं।

प्रसन्नता बड़ी चीजों में नहीं होती; यह लघु प्रयासों एवं छोटी चेष्टाओं का एक उप उत्पाद है। उदाहरण के लिए, जीवन के प्रत्येक कार्य में सरल, दयालु और विशाल हृदय-वाला होना पूरे जीवन को ही एक नया अर्थ देता है। दूसरों की प्रगति एवं उन्नति से आनंदित होना या दूसरों के सुख-दुःख बाँटना जीवन में प्रसन्न होने के सुनिश्चित मार्गों में से एक है। इसलिए प्रसन्नता के प्रारूप में प्राथमिक विचार-वस्तु अपने विचारों, शब्दों एवं कार्यों के प्रति सचेत होना है। इनसे सचेत रहना आपको

नकारात्मक अनुभूतियों, लिप्सा, लोभ, अभिमान, दंभ आदि से बचने के योग्य बनाता है; वह जमीन तैयार करता है, जिसमें समय आने पर प्रसन्नता के बीज बोए जाते हैं। इससे आनंद तथा शांति उत्पन्न होती है, जो कालांतर में मनुष्य का दूसरा स्वभाव बन जाता है।

आनंद अंतिम परमानंद की ओर एक कदम है; उस परम मुक्ति, उस मिलन बिंदु की ओर, जहाँ चेतना आपके अंतर—जो आपके अस्तित्व का केंद्र-बिंदु है—से मिलती है और अपना वैशिष्ट्य खोकर एकाकार हो जाती है। अस्तित्व की इस अवस्था को प्राप्त करना अत्यंत कठिन है और यह काफी दुर्लभ घटना है।

रूसी उपन्यासकार मैक्सिम गोर्की के अमरीका प्रवास की एक रोचक घटना है। कहा जाता है कि अमरीका प्रवास के दौरान उन्हें सभी पर्यटक स्थल और मनोरंजन केंद्र दिखाए गए। पर जैसे-जैसे भ्रमण आगे बढ़ा, मैक्सिम गोर्की उत्तरोत्तर दुःखी एवं निराश-से होते गए। आयोजक भी चकित एवं निराश थे और अंत में गाइड ने गोर्की से इसका कारण पूछा।

मैक्सिम गोर्की ने उत्तर दिया कि वे दुःख एवं मोहभंग का अनुभव इसलिए कर रहे हैं, क्योंकि ऐसा प्रतीत होता है कि संयुक्त राज्य अमेरिका इतना नीरस स्थान बन चुका है कि यहाँ के लोगों को इतने ढेर सारे पर्यटक स्थलों एवं मनोरंजन के साधनों की जरूरत है। क्योंकि वही लोग, जो आनंदरहित एवं भीतर से रिक्त हैं, मनोरंजन के बाह्य साधनों का आश्रय लेते हैं। महानतम संतुष्टि, आप जो सचमुच हैं, वह होने में निहित है। स्वयं की खोज स्वयं में आश्रय लेना विशुद्ध आनंद तक पहुँचने का साधन है सच्ची प्रसन्नता का स्रोत है।

> *प्रसन्नता के मार्ग में अहं सबसे बड़ी बाधा है।*

पर, ऐसा देखा गया है कि हम सभी लोग स्वयं से भाग रहे हैं। हम अपने आप में स्वयं से प्रसन्न एवं संतुष्ट अनुभव नहीं करते, अपितु कोई और हो जाना चाहते हैं। अगर हम वैज्ञानिक हैं तो हमें लगता है कि प्रशासकों और राजनेताओं के पास अधिक सम्मान और शक्ति है और हम इसी बात पर दुःखी हो जाते हैं। इसी प्रकार, जो प्रशासन एवं राजनीतिक जीवन में हैं, वे सोचते हैं कि सफल व्यापारी या फिल्म स्टार होना नाम, शोहरत और दौलत पाने का बेहतर साधन है।

वास्तव में हर आदमी अपनी सच्ची पहचान छुपा रहा होता है। हमारा सामाजिक अनुकूलन हम पर विस्मयकारी बाह्यताएँ लागू करता हैं, और इस प्रक्रिया

में हम अपने अंतरतम से अपना संपर्क खो देते हैं। हमारा मस्तिष्क, प्रतिबिंबों एवं प्रभावों को अर्जित करता जाता है; और हम, कोई अन्य व्यक्ति हो जाने का प्रयास करते रहते हैं। या, जो चीजें हमारे लिए, हो सकता है कि, सर्वोत्तम न हों; या जिन्हें अपने संसाधनों के भीतर पाना कठिन हो; उन्हें पाने का प्रयास करते हैं। इस प्रकार एक विचित्र भ्रम की स्थिति प्रारंभ हो जाती है जो, हमारे जीवन को पूर्णरूपेण असंतुलित कर देती है। हमारे पास रुकने, सोचने और अपने जीवन के प्रवाह को बदलने का न तो वक्त होता है और न ही नीयत।

यह देखा गया है कि, दूसरों के साथ अनावश्यक तुलनाएँ, हमें दु:खी एवं असंतुष्ट बनाती हैं। प्रसन्न होने का मूल मंत्र है कि, हम जो स्वयं हैं वह होना, हमें सीखना होगा। इस सृष्टि में प्रत्येक व्यक्ति अनन्य है और अद्वितीय क्षमताओं से संपन्न किया गया है। मूल बात इसे पहचानना, कार्यान्वित करना और इसका आनंद उठाना है। वस्तुतः तुलना करना ही समस्त कष्ट, तनाव, व्यथा, ईर्ष्या एवं समाज में अराजकता का मूल कारण है।

अतएव अपने स्वयं के विचारों, विश्वासों, अभिप्रायों, इच्छाओं और उनके संयमन पर गंभीर चिंतन-मनन का अभ्यास प्रसन्नता के लिए परमावश्यक है। हमें उन तत्त्वों और स्थितियों की पहचान करनी चाहिए, जो हमें उन्नत एवं आनंदपूरित होने की अनुभूति कराती हैं। परंतु इसके लिए हमारे मन में अपने स्वयं के साथ होने और अपने स्व-अस्तित्व के आंतरिक भेदों में गहरे पैठने और इसके साथ एकाकार होने की एक दृढ़ ललक होनी चाहिए।

हर आदमी अपनी सही पहचान छुपा रहा है।

प्रसन्नता घटित होती है—जब भी हम इसके लिए यथार्थतः तत्पर होते हैं। जिंदगी में खुशी सबसे आसान और बुनियादी चीजों में रहती है। शारीरिक स्वास्थ्य का भावनात्मक स्वास्थ्य से घनिष्ठ संबंध है। प्रसन्नता हमारे पास जो है, उस पर निर्भर नहीं होती, अपितु हमारे वैयक्तिक विकास—अर्थात् जो हम सचमुच हैं—का प्रतिफलन है। प्रसन्न होने के लिए हमें, जो हम हैं वह, होना होगा और जीवन-धारा के साथ बहने के लिए तत्पर रहना होगा। हमें वर्तमान में जीना चाहिए, क्योंकि वर्तमान ही वह एकमात्र क्षण है, जो हमें उपलब्ध है। विगत में कुछ भी कभी भी न तो प्राप्त हुआ है और न ही कोई चीज भविष्य में हासिल हो सकती है। हमारी उपलब्धियाँ, हमारी सिद्धियाँ सदैव वर्तमान में ही उपलब्ध होती हैं। हमें 'जो यहाँ

और अभी है', उस पर केंद्रित होना चाहिए और प्रत्येक क्षण को उसके संपूर्णतम संभाव्यता के साथ जीने का प्रयास करना चाहिए। भूत और भविष्य के विचार हमें अनावश्यक रूप से व्यथित करते हैं और प्रसन्नता के पथ पर हमारी यात्रा को बाधित करते हैं।

भगवान् श्रीकृष्ण श्रीमद्भगवद्गीता में कहते हैं—

"न द्वेष्ट्यकुशलं कर्म कुशले नानुषज्जते।
त्यागी सत्वसमाविष्टो मेधावी छिन्नसंशयः॥"

(श्रीमद्भगवद्गीता, अध्याय 18, श्लोक-10)

(हे अर्जुन! जो पुरुष अकल्याणकारक कर्म—जो स्थायी प्रसन्नता नहीं देता—से तो द्वेष नहीं करता है और कल्याणकारक कर्म में आसक्त नहीं होता है वह शुद्ध सत्त्वगुण से युक्त हुआ पुरुष, संशय-रहित, ज्ञानवान् और त्यागी है।)

□

"प्रसन्न व्यक्ति किन्हीं विशिष्ट परिस्थितियोंवाला व्यक्ति नहीं है अपितु विशिष्ट अभिवृत्तियों वाला व्यक्ति है।"

—हग डाउंस

"प्रसन्नता हमारी परिस्थितियों में नहीं है, बल्कि हम में है। यह इंद्रधनुष की भाँति कोई दिखनेवाली चीज नहीं है, या अग्नि की ऊष्मा की भाँति अनुभव की जानेवाली। प्रसन्नता कुछ वह चीज है, जो हम हैं।"

—जॉन बी. शीरीन

अध्याय 14

सफलता : आनंद का प्रमुख आयाम

"जीवन में सफलता उतनी प्रतिभा और अवसर का विषय-वस्तु नहीं है, जितनी एकाग्रता एवं अध्यवसाय की।"

—सी.डब्ल्यू. वेंडटे

कहा जाता है कि सफल व्यक्ति हवा का प्रवाह बदलने का प्रयास नहीं करते; वे अपनी पालों की दिशा बदलते हैं। जीवन में सफलता इस बात पर निर्भर है कि हम स्वयं को कितना समझते हैं, हम किसे सबसे ज्यादा महत्त्व देते हैं और किसे अपना समय, ऊर्जा एवं प्रयास समर्पित करने को इच्छुक होते हैं, साथ ही अपने अनुकूल एवं प्रतिकूल पक्ष को समझने की हमारी योग्यता कैसी है।

अपने मान्यताओं को समझना और इसके लिए कार्य करने की प्रबल इच्छा शक्ति अर्जित करना अध्यवसाय विकसित करने के लिए अत्यावश्यक है। अध्यवसाय जीवन में किसी भी उपलब्धि की मूल कुंजी है। अब्राहम लिंकन के जीवन की घटनाओं के निम्न विवरण जीवन में अध्यवसाय के महत्त्व को रेखांकित करते हैं—

क्रम सं.	प्रमुख घटनाएँ	लिंकन की आयु (वर्ष में)
1.	व्यापार में असफल	22
2.	लेजिस्लेटर के चुनाव में हार	23
3.	व्यापार में पुन: असफल	24
4.	लेजिस्लेटर के चुनाव में जीत	25
5.	प्रेमिका की मृत्यु	26
6.	नर्वस ब्रेकडाउन	27
7.	स्पीकर के लिए हार	29
8.	इलेक्टर के लिए हार	31
9.	कांग्रेस के लिए हार	34
10.	कांग्रेस के लिए जीत	37
11.	कांग्रेस के लिए हार	39
12.	सीनेट के लिए हार	46
13.	उप-राष्ट्रपति के लिए हार	47
14.	सीनेट के लिए हार	49
15.	संयुक्त राज्य अमेरिका के राष्ट्रपति चुने गए	51

उपर्युक्त रिकॉर्ड अध्यवसाय एवं उद्देश्य के प्रति दृढ़ आस्था के महत्त्व को प्रतिपादित करता है। उद्देश्य की शक्ति विस्मयकारी है, पूर्णतया विद्युन्मय कर देने वाली। यह केवल उनकी अपने उद्देश्य के प्रति परम आस्था और अपने लक्ष्य की उपलब्धि हेतु प्रज्वलित इच्छा ही थी, जिसने अब्राहम लिंकन को अपने चुने हुए पथ पर आगे बढ़ाया। यह स्पष्ट है कि उद्देश्य एवं उस पर डटे रहना सफलता के सर्वाधिक महत्त्वपूर्ण अवयव हैं और अंततोगत्वा जीवन में प्रसन्नता लाते हैं।

प्रसिद्ध लोक गायक केनी रोजर्स ने कहा, ''मैं हमेशा कहता रहा हूँ कि सुस्थिर जीवन के लिए आदमी को सिर्फ तीन चीजों की जरूरत है—प्यार करने के लिए कोई एक साथी करने के लिए कोई मनपसंद काम और आगे की ओर देखने के लिए कोई लक्ष्य। मेरे पास ये सभी चीजें रही हैं। पर सच यह है कि मैं नहीं

समझता कि सफलता मिली होती, अगर असफलताएँ भी साथ-साथ न घटित होतीं।''

केल्विन कूलिज ने सफलता के दो महत्त्वपूर्ण अवयवों को अत्यंत सटीक ढंग से प्रस्तुत किया है, जब वे कहते हैं कि ''दुनिया में कोई भी चीज सतत प्रयास का स्थान नहीं ले सकती। योग्यता, नहीं ले पाएगी; असफल सुयोग्य व्यक्तियों से अधिक सामान्य बात कुछ भी नहीं है। प्रतिभा, नहीं ले पाएगी; अपुरस्कृत प्रतिभा लगभग मुहावरा बन चुकी है। शिक्षा, नहीं ले पाएगी; दुनिया शिक्षित परित्यक्तों से पटी पड़ी है। केवल अध्यवसाय एवं संकल्प ही सर्वशक्तिमान है।''

वाई.के. सप्रू एवं स्मिता देशमुख ने अपनी पुस्तक 'हैपिली सक्सेसफुल' में निष्कर्ष निकाला है कि—पारंपरिक मूल्य प्रणाली तथा प्रभावकारी समय एवं जीवन प्रबंधन से जुड़ाव, पर्याप्त भावनात्मक बैंक बैलेंस का निर्माण, उमंग के साथ काम करना और नेतृत्व पर बल—सफलता सुनिश्चित करने और साथ ही जीवन में प्रसन्नता के लिए बहुत ही महत्त्वपूर्ण घटक हैं।

उपर्युक्त घटकों में से जीवन एवं समय प्रबंधन अत्यधिक महत्त्वपूर्ण हैं। दिन-प्रतिदिन के क्रिया-कलापों का सूक्ष्म निरीक्षण यह प्रकट करता है कि जो कार्य अत्यावश्यक होते हैं, वे हमारे अधिकांश समय और ध्यान पर एकाधिकार जमा लेते हैं; उन कार्यों की कीमत पर भी, जो अन्यथा सचमुच महत्त्वपूर्ण हैं। निम्न चतुर्थांशों वाली तालिका मनुष्य के जीवन में अत्यावश्यक एवं महत्त्वपूर्ण कार्यों के पारस्परिक महत्त्व को पृथक्-पृथक् सुस्पष्ट करती है—

प्रथम चतुर्थांश में वे गतिविधियाँ, जो आवश्यक एवं महत्त्वपूर्ण दोनों हैं, उदाहरणार्थ डॉक्टर के पास जाना आवश्यक ऑपरेशन कराना] कोर्ट या आर्थिक संकट संबंधी कामों में लगना, आदि सूचीबद्ध किए जा सकते हैं। इन्हें सर्वोच्च प्राथमिकता देनी होती है। इसका अर्थ है कि जीवन के चक्र में कुछ समय प्रथम चतुर्थांश की गतिविधियों हेतु अवश्य निर्धारित होना चाहिए। प्रसन्न एवं सफल दोनों होने के लिए सतर्क, सक्रिय एवं सुव्यवस्थित होना पड़ता है, जिससे यह सुनिश्चित हो सके कि इस चतुर्थांश में गतिविधियों का बाहुल्य न हो जाए।

इसी प्रकार दूसरा चतुर्थांश उन गतिविधियों का प्रक्षेत्र है, जिनमें अग्रिम नियोजन की आवश्यकता होती है और जो एहतियाती एवं निरोधात्मक प्रकृति की होती है। ये गतिविधियाँ हमारे समग्र विकास में सहायक हैं। रिश्ते बनाने, व्यावसायिक

महत्त्वपूर्ण ↑

सर्वाधिक महत्त्वपूर्ण एवं आवश्यक • आपदा संबंधी एवं समयबद्ध क्रिया-कलाप • तात्कालिक भाल्य चिकित्सा कराना • समयबद्ध कर-संबंधी एवं न्यायालीय कार्य • कार, एयरकंडीशन या अन्य खराब उपकरणों की मरम्मत • दुर्घटना या बीमारी आदि में मित्रों या रिश्तेदारों को देखने जाना	**विकास एवं निवेश संबंधी** • व्यावसायिक विकास एवं रोजगार नियोजन • व्यापार नियोजन एवं निवेश संबंधी निर्णय • स्वास्थ्य बेहतर करने संबंधी प्लानिंग • आध्यात्मिक विकास संबंधी रोडमैप बनाना • रिश्तों का निर्माण
आवश्यक पर साधारण • महत्त्वपूर्ण बैठकों के दौरान व्यवधान को अनुमति देना • सारे फोन सुनना • बिना समय लिए आए मुलाकातियों से मिलना • समारोहों में मुख्य अतिथि बनने की लालसा • अन्य लोकप्रिय सामुदायिक गतिविधियाँ	**अनुपयोगी एवं टाले जा सकनेवाले** • पार्टियों में जाना एवं लोगों से मिलना-जुलना • क्रिकेट मैच देखने के लिए दफ्तर छोड़ना • इंटरनेट एवं टी.वी. पर अत्यधिक समय देना • बाध्यताकारी खरीदारी

← आवश्यक

विकास करने, प्रवीणता को अद्यावधि करने और जीवन के मूर्त एवं अमूर्त पक्षों में विनिवेश करने जैसी गतिविधियों को इस श्रेणी में सूचीबद्ध किया जा सकता है। दीर्घकालिक आधार पर किसी व्यक्ति, परिवार या कंपनी की समग्र सफलता और प्रसन्नता इस बात पर निर्भर करती है कि वह कितना समय और संसाधन इस चतुर्थांश की गतिविधियों पर व्यय करने को तत्पर है। यह आकलन है कि सफल लोग जो प्रसन्न हैं और जिनके जीवन में शांति है, अपना कम-से-कम 70 प्रतिशत समय इस श्रेणी में सूचीबद्ध गतिविधियों में व्यय करते हैं।

> *यदि प्रारंभ में तुम सफल नहीं होते तो बारंबार प्रयास करो।*

यह पाया गया है कि अत्यधिक सफल एवं

प्रसन्न लोग उस प्रकार की गतिविधियों में जैसी कि तीसरे चतुर्थांश में सूचीबद्ध हैं बहुत कम समय देते हैं; अर्थात् ऐसी गतिविधियाँ जो न्यूनतम महत्त्व पर अत्यावश्यक प्रकृति की हैं। लोकप्रिय गतिविधियों में भाग लेना, अनियोजित आगंतुकों से भेंट-मुलाकात, और ऐसे ही अन्य व्यवधान इस चतुर्थांश में सूचीबद्ध किए जा सकते हैं। कुल मिलाकर, ये गतिविधियाँ हमारे विकास में सहायक नहीं होती हैं और हमारे बहुमूल्य समय एवं ऊर्जा को नष्ट करने की सामर्थ्य रखती हैं। इनका नियंत्रण एवं नियमन अत्यंत आवश्यक है।

सफल एवं प्रसन्न लोगों के व्यक्तित्व का एक अन्य पहलू कार्य के प्रति उनका उत्साह और लगन है। वे जिस प्रकार चलते हैं, बातें करते हैं और जीवन के अति साधारण एवं नगण्य काम-काज को भी जैसे करते हैं, वह उनके उमंग एवं उत्साह को इंगित करता है। महान् अमेरिकन चिंतक इमर्सन ने कहा है, "कभी कोई महान् उपलब्धि बिना उत्साह के नहीं हासिल हुई है।"

कार्य के प्रति उमंग अंदर से आती है। एक प्रकार से यह सफल एवं प्रसन्न लोगों के व्यक्तित्व का ही एक हिस्सा है। कोई व्यक्ति उमंगपूर्ण होने के लिए प्रशिक्षित नहीं किया जा सकता; यद्यपि सकारात्मक उत्प्रेरणाएँ एवं सफलता लोगों को बहुत ही अधिक प्रेरित कर सकती हैं।

उपर्युक्त वर्णन प्रसन्न एवं सफल लोगों के कतिपय महत्त्वपूर्ण गुणों को प्रस्तुत करता है। कतिपय नेतृत्व के गुण, जैसे कि 'विजन' और जोखिम उठाने की क्षमता, किसी व्यक्ति के जीवन को सफलता और प्रसन्नता की एक कहानी बना देते हैं। सफलता एवं प्रसन्नता का पथ काफी कठिन दुर्गम है और इस यात्रा को जारी रखने के लिए साहस, अंतर्दृष्टि, अभियान एवं ऊर्जा के बुद्धिमत्तापूर्ण प्रयोग की आवश्यकता होती है।

साधारणतया सफलता को धन, शक्ति एवं सामाजिक प्रतिष्ठा के समतुल्य समझा जाता है परंतु ये घटक स्वयमेव कभी भी प्रसन्नता सुनिश्चित करने के लिए पर्याप्त नहीं होते। जीवन में संतुलन, मित्रवत् पत्नी, आपको समझनेवाले माता-पिता, आज्ञाकारी बच्चे, घनिष्ठ पारिवारिक संबंध, उत्तम स्वास्थ्य, रचनात्मकता, आध्यात्मिकता और वैयक्तिक उमंग एवं उत्साह जीवन को परिपूर्ण, प्रसन्न तथा सार्थक बनाने हेतु अन्य महत्त्वपूर्ण तत्त्व हैं।

सफलता एवं प्रसन्नता प्राप्त करने का प्रयास एक दिन का अथवा एक बार का मामला नहीं है। यह एक प्रक्रिया एक आदत, एक निरंतर यात्रा है, जिसे बहुत

अच्छी तरह आत्मसात् करने एवं सतत अभ्यास किए जाने की आवश्यकता है।

प्रसन्नता का विज्ञान एवं दर्शन काफी विचित्र है और हर एक व्यक्ति का दूसरे व्यक्ति से भिन्न होता है। सफलता का कोई सार्वभौमिक मंत्र नहीं है।

ऊपर से देखने पर सफलता एवं प्रसन्नता एक-दूसरे के कारण और कार्य प्रतीत होते हैं। परंतु, गंभीर चिंतन से उद्घाटित होता है कि सफलता और प्रसन्नता साथ-साथ चल तो सकते हैं, पर आवश्यक नहीं है कि वे परस्पर एक-दूसरे पर निर्भर हों। एक सफलता दूसरी की ओर ले जा सकती है और यह कार्य करने वाले को श्रमशीलता के एक अंतहीन पथ पर चलने को बाध्य कर देती है—बिना किसी आखिरी मंजिल के। क्या इस प्रकार की यात्रा वास्तव में प्रसन्नता की ओर ले जा सकती है? इस प्रकार, प्रयास एवं सफलता की शृंखलाबद्ध क्रिया चेतन की उस अवस्था की ओर ले जा सकती है, जहाँ आप पूर्णतया अपने आप में डूब जाते हैं। जीवन की ऐसी अवस्था कभी भी प्रसन्नता नहीं प्रदान कर सकती, यद्यपि हाँ, यह सफलताओं की एक शृंखला की ओर अवश्य अग्रसर कर सकती है। अत: सफलता किसी व्यक्ति को तात्कालिक रूप से प्रसन्न करती तो है, पर स्थायी प्रसन्नता, आनंद एवं परमानंद को कहीं अन्यत्र ही खोजना पड़ेगा।

सफलता एवं प्रसन्नता किन चीजों से मिलकर बनती हैं, इस पर आम राय नहीं है; पर यह पक्का है कि निश्छल उद्देश्य का भाव, अध्यवसाय, अभियान, ऊर्जा, उमंग एवं उत्साह से काम करना और समय तथा संसाधनों का समुचित प्रबंधन निश्चित रूप से जीवन में सफलता को सुनिश्चित करेगा। इसी प्रकार, जीवन के प्रति संतुलित दृष्टिकोण, मूल्याधारित जीवन-यापन, संबंधों के विकास में विनिवेश और अच्छे कार्य तथा दूसरों की सेवा में संलग्न जीवन मानव जीवन को प्रसन्नता से परिपूर्ण करने हेतु अत्यंत उपयोगी तत्त्व हैं।

जिंदगी में प्रसन्नता पाना अधिकांशत: एक निर्णय और एक रणनीति का विषय है। प्रसन्न होने के लिए आपको सही चालें चलना और रणनीति चुनना जरूरी है। जीवन एक खेल है और अंतिम परिणाम पाने के लिए हमें सीखना, अभ्यास करना, खेल के नियमों का अनुपालन, सही तकनीक का प्रयोग और समय-समय पर अपने 'रोडमैप' को पुनरीक्षित करना पड़ता है। जीवन हमारे निर्णयों के परिणामों के सिलसिले और उनके अनुवर्ती क्रियाओं के अतिरिक्त और कुछ नहीं है। अधिकतर हमारे निर्णय और कार्य ही हमारे जीवन के तत्त्व एवं सार को निर्धारित करते हैं। एक जीवन-साथी, एक मित्र तथा शैक्षिक संस्थानों, व्यवसायों, कार्यस्थलों आदि का चयन,

मादक औषधियों, धूम्रपान आदि से परहेज और एक प्रसन्नचित् व्यक्तित्व—यह सभी निर्णय और रणनीति के विषय हैं। ये सभी हमारे जीवन को प्रभावित करते हैं और अंततोगत्वा हम प्रसन्न होंगे या नहीं, इसका निर्धारण करते हैं।

लंदन स्कूल ऑफ इकोनॉमिक्स के प्रोफेसर लार्ड रिचार्ड लेयार्ड, जो प्रसन्नता के एक अग्रणी शोधकर्ता हैं, कहते हैं, ''प्रसन्नता आपकी आकांक्षाओं एवं उपलब्धियों के बीच एक संतुलन है। एक मार्ग है वह पाना, जो आप चाहते हैं। दूसरा है, जो आप पाते हैं उसे पसंद करना।'' नियमित आधार पर प्रसन्न अनुभव करने के लिए हमें एक सपने की जरूरत होती है। मात्र स्वामित्व या रोमांच प्रसन्नता की निरंतरता बनाए नहीं रख सकते। जिनके पास सपने और उन सपनों को साकार करने का एक सुनिश्चित 'रोडमैप' है, वे प्रसन्न होने के महत्त्वपूर्ण रहस्यों को जानते हैं। उस सपने के साथ संबद्ध उद्देश्य का बोध उन्हें जीवन में आगे बढ़ने की प्रेरणा तथा अर्थवत्ता देता है।

हममें से प्रत्येक जीवन में एक अनन्य उद्देश्य के साथ पैदा हुआ है और हममें से प्रत्येक एक अनूठा भाग्य रखता है। जिंदगी के सही मायने समझने के लिए और प्रसन्नता सुनिश्चित करने के लिए हमें अपने जीवन के उद्देश्य की पहचान करने की आवश्यकता है। जब हम उद्देश्य के प्रति सचेत हो जाते हैं और अपना 'रोडमैप' सुनिश्चित कर लेते हैं; जिस क्षण हम इस पथ पर चलना प्रारंभ कर देते हैं; जीवन अपना सच्चा अर्थ उद्घाटित कर देता है और हम प्रसन्नता को पूर्णतया अपनी मुट्ठी में पाते हैं। प्रसन्नता के इस स्तर पर पहुँचने के लिए निम्न चरणों का अनुसरण आवश्यक है—

- हमें अपनी शक्तियों के यथार्थ आकलन की आवश्यकता है। हमें यह जानने की जरूरत है कि हम किससे बने हैं; हमारी सामर्थ्य, योग्यताएँ, प्रतिभाएँ, जन्मजात प्रवृत्तियाँ एवं अभिरुचि आदि।
- अपनी सामर्थ्य के आकलन एवं जो चीजें हमें सर्वाधिक आकर्षित करती हैं और हमारी कल्पनाओं को प्रज्वलित करती हैं, उनके आधार पर हमें अपने जीवन, अपनी दृष्टि एवं स्वप्नों पर विचार करने की आवश्यकता है।
- अगला चरण है एक निश्चित रणनीति एवं कार्य-योजना बनाना, जो हमारे लक्ष्यों, उद्देश्यों और हमारे सपनों को साकार करने के लिए आवश्यक क्रिया-कलाप के क्रम की रूपरेखा प्रस्तुत करता हो।
- अन्य सर्वाधिक महत्त्वपूर्ण पहलू अपने 'विजन' का अनुसरण करने और अपनी कार्ययोजना के अनुसार अनवरत आगे बढ़ने का हमारा संकल्प है।

हम अपने मित्रों एवं संबंधियों से अपने विजन और कार्य-योजना की चर्चा कर सकते हैं और इस प्रकार इन्हें प्राप्त करने के लिए स्वयं को सार्वजनिक रूप से प्रतिबद्ध कर सकते हैं।

- अंत में, अपने विजन पर दृष्टि रखते हुए और अपनी कार्य-योजना के अनुसार उसे साकार करने के लिए कृत-संकल्प प्रयास करते हुए, अपने लघुकालीन उपलब्धियों का आकलन करने के लिए हमें एक रणनीति बनाने की जरूरत होती है। जब हम पाते हैं कि हमें सकारात्मक परिणाम मिल रहे हैं तो यह एक प्रेरणास्रोत का कार्य करता है और हमें आगे बढ़ने की प्रेरणा मिलती है।

इस प्रकार, अपने जीवन-उद्देश्य को परिभाषित और अपने विजन को साकार करने हेतु अपने 'रोडमैप' का अनुसरण कर चुकने के पश्चात् हम स्वयं को उत्साह, ऊर्जा और आनंद से भरपूर पाते हैं और फिर कभी बोरियत, उद्देश्यहीनता और रिक्तता के जाल में नहीं फँसते। हम क्षण-प्रतिक्षण के आधार पर जीवन का आनंद उठाते हैं और इसे उद्देश्य, सार्थकता एवं आह्लाद से भरपूर पाते हैं।

□

"यदि कोई व्यक्ति अपने सपनों की दिशा में आत्म-विश्वास के साथ आगे बढ़ता है और अपनी कल्पना के अनुरूप जीवन-यापन का प्रबल प्रयास करता है तो वह सामान्यकाल में अनसोची, कल्पनातीत सफलता प्राप्त कर लेगा।"

—हेनरी डेविड थोरियो

"ब्रह्मांड का सिर्फ एक ही कोना है, जिसे सुधार सकने के बारे में आप निश्चिंत हो सकते हैं और वह है आपका अपना स्वयं का व्यक्तित्व।"

—आल्डस हक्सले

अध्याय 15

सर्वश्रेष्ठ बनो

"अपने स्वयं से एकाकार होने का संकल्प लो और समझ लो कि जो स्वयं को पा लेता है, उसके दुःख दूर हो जाते हैं।"

—मैथ्यू आर्नल्ड

प्रसन्नता की अवधारणा और इसका महत्त्व युगों से सामान्यजनों से लेकर विद्वानों तक के मस्तिष्क में सर्वोपरि रहा है। बहुतों द्वारा प्रसन्नता को मानव जीवन का अंतिम लक्ष्य माना गया है।

अरस्तू ने इसे मनुष्य के लिए 'सुम्मुम बोनम'—'सर्वश्रेष्ठ' कहा है। हम धन, प्रतिष्ठा तथा शक्ति की कामना इसलिए करते हैं, क्योंकि हम विश्वास करते हैं कि भौतिक वस्तुओं की उपलब्धता हमें सुख प्रदान करेगी; पर हम प्रसन्नता को इसके स्वयं की सार्थकता के कारण भी चाहते हैं। यह प्रश्न फिर भी अनुत्तरित रह जाता है कि भौतिक उपलब्धियाँ क्या वस्तुतः आनंददायक हैं?

वैज्ञानिक सिद्धांतों के अनुसार, मनुष्य के मस्तिष्क में कुछ ऐसे विशिष्ट क्षेत्र होते हैं, जो भौतिक उपलब्धियों की अपेक्षाओं का निर्धारण करते हैं और जैसे ही भौतिक लक्ष्य प्राप्त हो जाते हैं, मस्तिष्क अपेक्षाओं के स्तर को पुनर्संयोजित कर लेता है। इसका अर्थ है कि यदि अपेक्षाओं का स्तर बहुत ऊँचा रहा हो तो भौतिक

सफलता प्राप्त हो जाने पर भी कोई दु:खी रह सकता है, जब कि कम धन एवं कम साधन-संपन्नता होने पर भी कोई अत्यधिक प्रसन्न हो सकता है, यदि उसकी उपलब्धियाँ उसकी अपेक्षाओं की तुलना में अधिक हों।

मस्तिष्क के एम.आर.आई. स्कैन से यह पाया गया है कि मनुष्य के मस्तिष्क में एक 'औचित्य बटन' होता है। भले ही हमें जीवन में अनेक उपलब्धियाँ मिल जाएँ, पर यदि हम सोचते हैं कि वे न्यायसंगत और समुचित नहीं हैं तो हम अप्रसन्नता का अनुभव करते हैं। इसी प्रकार यदि हम पाते हैं कि हमारे साथ उचित व्यवहार हुआ है तो भले ही हमारे भाग्य में बहुत कम आया हो, पर हमें बहुत अच्छा महसूस होता है। हमारे भौतिक मस्तिष्क का एक भाग लाभों को पहचानता एवं मूल्यांकित करता है और दूसरा भाग हानियों को पहचानता है। वास्तव में, मस्तिष्क इन दोनों पहलुओं का बिलकुल पृथक्-पृथक् विश्लेषण करता है।

प्रसिद्ध अमरीकी मनोवैज्ञानिक अब्राहम हेराल्ड मैस्लो ने भौतिक आवश्यकताओं को सबसे नीचे और स्वकार्यान्वयन को सबसे ऊपर रखते हुए आवश्यकताओं के पदानुक्रम का एक पिरामिडीय मॉडल प्रतिपादित किया है। वायु, जल, भोजन एवं सेक्स की मूलभूत जरूरतों के परे उन्होंने आवश्यकताओं के पाँच प्रमुख स्तर बताए हैं, जो कि पदानुक्रम में निम्नवत् हैं—

अस्तित्व की सार्थकता

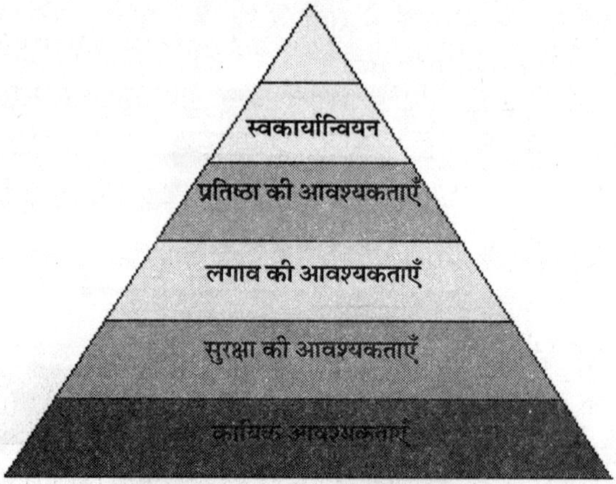

आवश्यकताओं का श्रेणीकरण

1. शारीरिक आवश्यकताएँ

कायिक या दैहिक आवश्यकताएँ हमारे भौतिक उत्तरजीविता की आवश्यकताएँ हैं, जिनमें ऑक्सीजन, जल, प्रोटीन, लवण, शर्करा एवं अन्य खनिजों तथा विटामिनों की आवश्यकता सम्मिलित है। इनके अतिरिक्त क्रियाशील होना, विश्राम करना, शयन, मल-मूत्र विसर्जित करना, दर्द से निवारण और सेक्स की पूर्ति भी आवश्यक है।

2. सुरक्षा की आवश्यकताएँ

जब कायिक आवश्यकताओं की पूर्ति हो जाती है तो दूसरे स्तर की आवश्यकताओं की पूर्ति के लिए छटपटाहट होने लगती है। तब हमारी अधिकाधिक रुचि, सुरक्षित वातावरण, स्थायित्व, अभिरक्षण आदि पाने में हो जाती है। इस स्तर पर हमें प्राथमिक आवश्यकताओं की चिंता नहीं रह जाती, अपितु अपने तथा अपने स्वजनों एवं प्रियजनों की सुरक्षा की चिंता होने लगती है। ये आवश्यकताएँ किसी सुरक्षित क्षेत्र में एक सुविधा-संपन्न आवास, जीविका की सुरक्षा और अच्छे कैरियर की संभावनाओं की आकांक्षा के रूप में प्रकट होती है।

3. प्यार एवं लगाव की आवश्यकताएँ

जब उपर्युक्त दोनों आवश्यकताएँ अधिकांशतः पूर्ण हो जाती हैं, तो तीसरे स्तर की आवश्यकताएँ आपका ध्यान खींचने के लिए व्याकुल हो उठती हैं। हमें मित्रों, परिवार और बच्चों, स्नेही संबंधियों आदि की जरूरत सामान्यतया महसूस होने लगती है। किसी व्यक्ति की एक समूह या समुदाय से संबद्ध होने की महती आवश्यकता इस श्रेणी में सम्मिलित है। दिन-प्रतिदिन के जीवन में ये जरूरतें प्यार करने, शादी करने, बच्चे पैदा करने और एक बड़े समुदाय एवं समूह का हिस्सा बनने की हमारी आकांक्षा के रूप में प्रदर्शित होती हैं।

4. प्रतिष्ठा की आवश्यकताएँ

दैहिक, सुरक्षा संबंधी और प्यार एवं जुड़ाव संबंधी आवश्यकताओं की संतुष्टि के पश्चात् मान-सम्मान संबंधी आवश्यकता अग्रणी हो जाती है। मैस्लो के अनुसार, सम्मान की आवश्यकता के दो रूप हैं—एक निम्नतर एवं दूसरा उच्चतर।

दूसरों से अपेक्षित सम्मान—जिसमें ध्यान, पहचान, पद, प्रसिद्धि, प्रताप,

ख्याति, मान-सम्मान एवं गरिमा सभी सम्मिलित हैं—निम्नतर आवश्यकता है। उच्चतर प्रकार की प्रतिष्ठा-आवश्यकताएँ हैं—आत्मसम्मान, आत्मविश्वास, सुयोग्यता, उपलब्धि, आत्मनिर्भरता एवं स्वतंत्रता।

अब्राहम मैस्लो ने चार स्तरों की पूर्ववर्णित सभी आवश्यकताओं को 'डेफिसिट नीड्स' या 'डी-नीड्स', अर्थात् घाटे या कमी की आवश्यकताएँ, कहा है। यदि किसी के पास कोई वस्तु पर्याप्त मात्रा में नहीं है, अर्थात् उसकी कमी है तो उसे उसकी आवश्यकता महसूस होती है। पर यदि किसी की सभी जरूरतें पूरी हो जाती हैं तो उसे सिर्फ रिक्तता की अनुभूति होती है और फिर ये आवश्यकताएँ, प्रेरक शक्ति नहीं रह जाती हैं।

इस संदर्भ में मैस्लो 'होमियोस्टैसिस' शब्द का प्रयोग करते हैं। जैसा कि हम जानते हैं कि 'होमियोस्टैसिस' वह सिद्धांत है, जिस पर भट्ठी का 'थर्मोस्टेट' या तापस्थायी कार्य करता है; अर्थात् जब बहुत ठंडक होती है तो यह ऊष्मा को चालू कर देता है और जब बहुत गरमी होती है, तो यह ऊष्मा को बंद कर देता है। ठीक इसी प्रकार, जब किसी चीज की कमी होती है, तो हमारे शरीर में उसके लिए भूख पैदा हो जाती है। यही बात, आवश्यकताओं के लिए भी है।

यदि समस्त आवश्यकताओं की पूर्ति हो जाए तो रिक्तता की अनुभूति होती है।

यह सभी आवश्यकताएँ मूलत: उत्तरजीविता की आवश्यकताएँ हैं। यहाँ तक कि प्यार एवं सम्मान भी हमारे स्वास्थ्य तथा प्रसन्नता के लिए आवश्यक होते हैं। ये आवश्यकताएँ, हमारे भीतर अनुवांशिक रूप से विनिर्मित होती हैं, ठीक वैसे ही जैसे कि हमारी मूल प्रवृत्तियाँ।

दैहिक आवश्यकताओं से प्रारंभ होकर उच्चतर प्रक्रम की आवश्यकताओं की ओर की ऊर्ध्वगामी यात्रा विभिन्न चरणों से होकर गुजरती है। नवजात शिशु की महत्त्वपूर्ण जरूरतें दैहिक जरूरतें हैं, जो कालांतर में सुरक्षा, संरक्षा, ध्यानाकर्षण, स्नेह आदि की लालसा में परिवर्तित हो जाती हैं। जैसे-जैसे उम्र बढ़ती है, आत्म-प्रतिष्ठा की आवश्यकता ज्यादा महत्त्वपूर्ण हो उठती है।

यह देखा जाता है कि तनावपूर्ण परिस्थितियों में या जीवन पर संकट के समय लोगों की प्रवृत्ति निम्नतर प्रक्रम की आवश्यकता की ओर प्रतिगमन की हो जाती है। जब भी कभी किसी व्यक्ति के कैरियर-ग्राफ में तीव्र उथल-पुथल होती है तो

उसकी प्रवृत्ति बच्चों की तरह ध्यान और स्नेह के लिए लालायित होनेवाली हो जाती है। इसी प्रकार, दु:ख की घड़ी में लोग हर तरफ से प्यार एवं ध्यान के लिए लालायित हो उठते हैं।

ये घटनाएँ सिर्फ मनुष्यों के जीवन में ही नहीं, अपितु समुदायों और समाजों के जीवन-चक्र में भी घटित होती हैं। जब भी कभी कोई राष्ट्रीय आपदा आती है, लोग स्थितियों को सुधारने के लिए सबल नेतृत्व की माँग करने लगते हैं। इसी प्रकार बाढ़, भूकंप आदि राष्ट्रीय विपत्तियों के दौरान जीवित बच रहे लोगों की कायिक आवश्यकताएँ प्रमुख महत्ता अर्जित कर लेती हैं।

यदि हम लोगों से उनके 'भविष्य संबंधी दर्शन' अथवा आदर्श जीवन की उनकी अवधारणा के विषय में पूछें तो हम उनकी परिस्थितियों एवं उनकी आवश्यकताओं के ढाँचे का विश्लेषण भली-भाँति कर सकते हैं। यदि किसी ने, अपना कोई पारिवारिक सदस्य खोने की पीड़ा झेली है या तलाक के सदमे से गुज़रा है तो ऐसी आवश्यकताओं के प्रति उसकी स्थिर-धारणा उसके मन:स्थिति पर हावी रहती है। ऐसा व्यक्ति अपने परिवार के सदस्यों की सुरक्षा अत्यंत उत्साहपूर्वक करेगा। इसी प्रकार यदि किसी का पहले तलाक हुआ है तो वह नया जीवन-साथी पाने पर भी अतिरिक्त सतर्क एवं सावधान रहेगा।

आत्म-सम्मान एवं प्रसन्नता में सीधा संबंध है। यह प्राय: देखा जाता है कि जो लोग प्रसन्न हैं, वे स्वयं के विषय में अच्छा महसूस करते हैं जब कि आत्म-सम्मान की कमीवाले लोग प्राय: दुखी पाए जाते हैं।

> *स्वास्थ्य एवं प्रसन्नता के लिए प्यार एवं सम्मान जरूरी है।*

कैलीफोर्निया विश्वविद्यालय द्वारा कराए गए एक अध्ययन में यह पाया गया है कि कम आत्म-सम्मान वाले प्रसन्न व्यक्तियों ने नकारात्मक की अपेक्षा अधिक सकारात्मक मूड का अनुभव किया, अपने जीवन से अपेक्षाकृत अधिक संतुष्ट रहे, बहिर्मुखी होने की ओर प्रवृत्त हुए अपने खाली समय से संतुष्ट रहे जीवन में उद्देश्य का अनुभव किया और अच्छा स्वास्थ्य पाया। ऐसा हो सकता है कि अपने कम स्वमूल्य के बावजूद ऐसे व्यक्तियों की प्रसन्नता की कुंजी उनका बहिर्मुखी स्वभाव हो। वे साधारणतया अधिक सामाजिक और खुले हैं, जो उनकी प्रसन्नता को तो संबल देता है, पर उनके आत्म-सम्मान को नहीं।''

डॉ. ल्यूबोमिस्की, जिन्होंने यह शोध किया है, ने आगे निष्कर्ष निकाला कि "प्रसन्नता एवं आत्म-सम्मान में उच्च परस्पर संबंध प्रदर्शित करनेवाले पूर्व शोधों के बावजूद हमारा अध्ययन इस बात को और बल देता है कि, प्रसन्नता ऐसा गुण नहीं है, जो किसी व्यक्ति के स्वमूल्य को पूरी तरह परिभाषित कर सके और दो गुण, प्रसन्नता एवं आत्म-सम्मान स्वतंत्र रूप से अस्तित्व में रह सकते हैं।"

5. स्व-कार्यान्वयन

भौतिक उपलब्धियाँ केवल उस बिंदु तक प्रसन्नता देती हैं, जो, उत्तरजीविता एवं थोड़ी बहुत सामाजिक प्रतिष्ठा सुनिश्चित करती है। उसके पश्चात् सुरक्षा, संरक्षा, प्यार करने और प्यार पाने की आवश्यकताओं की लालसा हावी हो जाती है। बहुत से लोग इसी स्तर पर रुक जाते हैं और फिर भी प्रसन्न अनुभव करते हैं; जबकि कुछ लोग अपनी आगे की तथा ऊपर की यात्रा आत्म-सम्मान के अगले स्तर तक और फिर स्व-कार्यान्वयन के परम मानवीय अभिलाषा तक जारी रखते हैं।

अब्राहम मैस्लो के अनुसार, "स्व-कार्यान्वयन, जीव में जो पहले से ही है, उसका तात्विक विकास है, या अधिक सटीक रूप से कहें तो जो जीव स्वयं है। उन्होंने स्वस्थ व्यक्तियों का अध्ययन किया, जबकि अधिकांश मनोवैज्ञानिकों द्वारा बीमार व्यक्तियों का अध्ययन किया जाता है। उन्होंने अधिकांश ऐसे लोगों पर शोध किया, जिन्होंने 'अपनी प्रतिभाओं, क्षमताओं, संभाव्यताओं आदि का पूर्ण उपयोग और दोहन' किया था।

मैस्लो के आधारभूत सिद्धांत : स्व-कार्यान्वयन का आशय चार प्राथमिक आवश्यकताओं, नामतः—शरीर संबंधी, सुरक्षा एवं संरक्षा संबंधी, प्यार एवं लगाव संबंधी और आत्म-सम्मान की पूर्ति से है। मैस्लो के आधारभूत सिद्धांतों को निम्नवत् सूचीबद्ध किया जा सकता है—

- सामान्य व्यक्तित्व का निर्धारण, एकत्व, एकीकरण, सामंजस्य और सुसंगति से किया जाता है। संगठन स्वाभाविक अवस्था है और असंगठन एक अस्वाभाविक स्थिति है।
- किसी जीव को इसके भागों का विभेदीकरण करके विश्लेषित किया जा सकता है; पर किसी भाग का अध्ययन पृथक् रूप से नहीं किया जा सकता है।
- प्रत्येक जीव में स्व-कार्यान्वयन की एक प्रभुसत्तात्मक प्रेरणा होती है।

लोग अपने समक्ष उपलब्ध अवसरों के अनुसार अपनी अंतर्निहित संभाव्यताओं को साकार करने का निरंतर प्रयास करते रहते हैं।

- स्वाभाविक विकास में बाह्य वातावरण का प्रभाव न्यूनतम होता है। समुचित वातावरण का प्रश्रय मिलने पर जीव की संभाव्यता, स्वस्थ एवं समेकित व्यक्तित्व का निर्माण करती है।
- किसी बड़े समूह के एक अलग-थलग मनोवैज्ञानिक क्रिया का वृहद् अनुसंधान करने की अपेक्षा किसी एक व्यक्ति का व्यापक अध्ययन अधिक उपयोगी है।
- मनुष्य की उच्चावस्था का संज्ञान न तो व्यवहारवाद में पाया जाता है और न ही मनोविश्लेषण (जो केवल व्यक्ति के अंधकारमय एवं अधोस्तर वाले पक्ष पर विचार करता है) में। मूल्य, वैयक्तिकता, चेतना, प्रयोजन, नैतिकता एवं मानव-स्वभाव के उच्चतर पक्षों से संबद्ध प्रश्नों पर हमें अवश्य विचार करना चाहिए।
- मनुष्य मूलतः अच्छा है, बुरा नहीं।
- मनोविकृति प्रायः अस्वीकृति, कुंठा अथवा हमारे मूल स्वभाव के विकृत होने का परिणाम होती है।
- किसी भी प्रकार का उपचार व्यक्ति को उसके आंतरिक स्वभाव से निर्दिष्ट तरीकों से स्वकार्यान्वयन एवं विकास के पथ पर पुनः लाने का एक साधन है।
- जब चारों आधारभूत आवश्यकताओं की संतुष्टि हो चुकती है तो विकास या स्वकार्यान्वयन की आवश्यकता उठ खड़ी होती है; अर्थात् एक नई असंतुष्टि और बेचैनी पैदा हो जाएगी, जब तक कि कोई व्यक्ति वह कार्य न कर रहा हो, जिसके लिए वह वैयक्तिक रूप से सक्षम है—यानी एक संगीतज्ञ को संगीत रचना अवश्य करनी चाहिए, एक चित्रकार को पेंटिंग अवश्य करनी चाहिए, एक कवि को कविता अवश्य लिखनी चाहिए। संक्षेप में, 'लोग जो हो सकते हैं, वह उन्हें अवश्य होना चाहिए।'

स्व-कार्यान्वयित व्यक्तियों की विशिष्टताएँ

स्वकार्यान्वयित व्यक्तियों के पास यथार्थ की बेहतर समझ होती है और वे इसके साथ सहज होते हैं। ऐसे लोग अज्ञात के आतंक एवं भय से मुक्त होते हैं। वे तार्किक एवं कार्यकुशल होते हैं तथा उनमें विश्लेषण करने एवं सत्य को देख सकने की श्रेष्ठ योग्यता होती है। स्वकार्यान्वयित लोग स्वयं को, अन्यों को तथा जगत् को—जैसे वे हैं, उसी रूप में—स्वीकार करते हैं। वे मानव स्वभाव को, जैसा वह है वैसे ही ग्रहण करते हैं, और बिना किसी अपराध-बोध के आनंद प्राप्त करते हैं; न ही उनके मन में अनावश्यक अंतर्बाधाएँ होती हैं।

> *लोग जो हो सकते हैं, वह उन्हें अवश्य होना चाहिए।*

स्वकार्यान्वयित लोग अपने विचारों में तत्काल निर्णयी प्रकृति के होते हैं और अग्रेतर विकास हेतु प्रयास के लिए अभिप्रेरित होते हैं। वे अपने स्वयं से बाहर की समस्याओं पर ध्यान केंद्रित करते हैं और लक्ष्याभिमुखी होते हैं और उनका लक्ष्य उनके अस्तित्व का कारण होता है। वे संयत होते हैं; कर्तव्य के प्रति समर्पित होते हैं, और अनावश्यक दुश्चिंताओं की परवाह नहीं करते।

स्वकार्यान्वयित लोग अपनी गरिमा के प्रति संवेदनशील होते हैं और स्वयं के उत्तरदायित्व का पूर्णरूपेण निवर्हन करते हैं। वे एकाकीपन पसंद करते हैं, यद्यपि अकेलापन नहीं। वे व्यक्तिगत दुर्भाग्यों से विचलित नहीं होते। ऐसे लोग अपने आंतरिक-स्व पर पूर्ण विश्वास करते हैं और स्वनियंत्रित होते हैं।

ऐसे लोगों की सबसे महत्त्वपूर्ण विशेषता जीवन की मूलभूत श्रेष्ठता की उनकी परख एवं समझ होती है। वे वर्तमान क्षण को इसकी संपूर्णता में जीते हैं और उनका क्षण-प्रतिक्षण का जीवन रोमांचक, लोकोत्तर एवं आध्यात्मिकता से परिपूर्ण होता है।

शिखरानुभूतियों की अवधारणा

अब्राहम मैस्लो ने, 'शिखरानुभूतियों की अवधारणा' को निम्न शब्दों में वर्णित किया है—

''दृष्टि में असीम क्षितिजों के खुलने की अनुभूति; कोई जितना पहले कभी था, उससे अधिक शक्तिशाली और अधिक असहाय, दोनों एक ही साथ होने की अनुभूति; आनंदातिरेक, आश्चर्य एवं विस्मय की अनुभूति;

देश-काल में प्रस्थिति का लोप और अंततः यह दृढ़ धारणा कि कुछ नितांत महत्त्वपूर्ण एवं मूल्यवान् घटित हुआ है।"

शिखर या चरम अनुभूतियों से गुजरनेवाले लोग अधिक सुसंयमित एवं सुसंगठित प्रकृति के होते हैं और संपूर्ण ब्रह्मांड के साथ ऐक्य की अनुभूति रखते हैं। वे अपने जीवन पर पूर्ण नियंत्रणवाले व्यक्ति होते हैं। ऐसे लोग स्वप्रेरित, समझ-बूझवाले, स्व-निश्चयी, उमंगवान् तथा देश-काल के सीमा-बंधनों से अभीत होते हैं। दूसरे शब्दों में, जीवन के नए परिदृश्यों का अन्वेषण करने एवं ज्ञात सीमाओं का अतिक्रमण करने की इनकी नैसर्गिक प्रवृत्ति होती है।

स्वकार्यान्वयित होने के आठ उपाय

स्वकार्यान्वयित होने के लिए दो आवश्यक प्रक्रम हैं—आत्मान्वेषण एवं स्व-कर्म। जितना ही गहरा आत्मसंधान होगा उतना ही आप स्वकार्यान्वयन के निकट आएँगे। स्वकार्यान्यवित होने के आठ उपाय हैं, जो नीचे सूचीबद्ध किए गए हैं—

- जानो कि तुम कौन हो और क्या हो; तुम क्या पसंद और क्या नापसंद करते हो; तुम्हारे लिए क्या अच्छा और क्या बुरा है; तुम कहाँ जा रहे हो, तुम्हारा मिशन क्या है?
- चीजों को पूर्णता से विशदता से, एवं निर्वैयक्तिकता से अनुभव करो। स्वयं को किसी चीज का अनुभव करने में झोंक दो, इस पर पूरी तरह से चित्त को एकाग्र करो और फिर इसे पूरी तरह स्वयं अवशोषित कर लेने दो।
- जीवन सुरक्षा एवं जोखिम के बीच चुनाव की एक सतत प्रक्रिया है। विकास को अपना चुनाव बनाओ।
- 'स्व' को उभरने दो। बाह्य संकेतों को बंद कर देने की कोशिश करो। और तुम्हारा अनुभव तुम्हें, जो तुम सचमुच महसूस करते हो, वह कहने में समर्थ बनाए।
- जब संशय हो तो ईमानदार बनो। यदि तुम ईमानदार हो और स्वयं में झाँकते हो तो तुम जिम्मेदारी भी लोगे। जिम्मेदारी लेना स्वकार्यान्वयन है।
- अपनी स्वयं की रुचियों एवं अरुचियों की ध्वनि सुनो और तदनुसार आचरण करो। अलोकप्रिय होने के लिए तत्पर रहो।
- अपनी बुद्धि का प्रयोग करो। तुम जिन चीजों को करना चाहते हो, उन्हें

अच्छी तरह से करो; भले ही वे कितनी भी अमहत्त्वपूर्ण प्रतीत होती हैं।

- चरम अनुभूतियों को अधिकाधिक संभाव्य बनाओ। भ्रमों एवं मिथ्या धारणाओं से मुक्ति पाओ। जानो कि तुम किन बातों में 'अच्छे' अथवा 'उतने अच्छे नहीं' हो।

साधारण शब्दों में, स्वकार्यान्वयन वह अवस्था है, जब कोई व्यक्ति उस जीवन का अनुभव करता है, जो अस्तित्व की बेहतर व्यवस्था की ओर इष्टतम विकास की अनुमति देता है।

एक अन्य प्रसिद्ध मनोवैज्ञानिक कार्ल रोजर्स 'स्वकार्यान्वयन' शब्द का प्रयोग करने में झिझकते थे जो यह अर्थ देता है कि कोई व्यक्ति अपने परिपूर्ण अंतिम अवस्था को पहुँच चुका है। रोजर्स ने 'स्वकार्यान्वयित व्यक्ति' की अवधारणा को 'पूर्णरूपेण क्रियाशील व्यक्ति' की अवधारणा से प्रतिस्थापित कर दिया।

वास्तव में, रोजर्स का 'पूर्णरूपेण क्रियाशील व्यक्ति' वह नहीं है, जो परिपूर्ण अंतावस्था को पहुँच चुका हो; अपितु यह वो है जिसे उन स्थितियों तक पहुँचने और उन्हें पूर्णतया अनुभव करने की स्वतंत्रता है, जो विकास को पोषित करती है।

कार्ल रोजर्स ने इस अवस्था को जीव के लिए 'पूर्णतया होने' और 'निरंतर होते रहने' की प्रक्रिया के रूप में देखा है—जब यह किसी भी दिशा में आभ्यांतरिक गति के लिए स्वतंत्र हो।

रोजर्स के अनुसार, 'अस्तित्ववान होने' के रूप में ज्ञात इस सदा उत्कर्षमयी प्रक्रिया को, जो व्यक्ति सफलतापूर्वक प्रयोग में लाता है, वह नए अनुभवों के लिए अधिकाधिक खुला होता है। अतः रोजर्स के लिए स्वकार्यान्वयित व्यक्ति वह है, जो अपने दैनिक जीवन में अनुभवों के लिए इस प्रकार पूर्णतया खुला होता है, जिससे उसके निरंतर सीखने और विकसित होने की पूर्ण संभावना बनी रहती है।

जब कोई व्यक्ति अपनी प्राथमिक जरूरतों को पूरा करने के योग्य हो जाता है, केवल तभी वह स्वकार्यान्वयित हो सकता है। मनोचिकित्सक विक्टर फ्रैंकल ने कहा है कि यदि कोई 'व्यक्ति के' जीवन के उद्देश्य को पा ले तो वह अपनी प्रसन्नता को पा सकता है। प्रत्येक मनुष्य अपनी अभिरुचियों के एक 'अनन्य समूह' के साथ पैदा होता है। एक शोध ने इंगित किया है कि हम में से अधिकांश लोग संगठन या जुड़ाव की प्रवृत्ति—जैसी कि बचपन में होती है—से, अनन्यता पर बल देने की प्रवृत्ति की ओर बढ़ते हैं।

अतएव प्रसन्नता के आधारभूत सिद्धांतों का सार किसी ऐसे उद्देश्य के लिए कठोर परिश्रम करना है, जो आनंददायक हो और हमारी योग्यताओं को चुनौती देता हो और जो हमारी आवश्यकताओं का ध्यान रखने के अतिरिक्त हमें दिन–प्रतिदिन के आधार पर प्रसन्नता प्रदान करने में सक्षम हो। यदि हाथ में लिये गए कार्य किसी महान् लक्ष्य अथवा उददात्त उद्देश्योंवाले हैं तो हम स्वकार्यान्वयन के पथ पर अग्रसर हैं। इनमें, हमें आह्लाद एवं परमानंद की अवस्था में ले जाने की अंत:शक्ति होती है।

जीवन, सुरक्षा एवं जोखिम के बीच चुनाव की एक प्रक्रिया है।

□

"वह प्रसन्नता, जो सच्ची संतुष्टि देती है, हमारी योग्यताओं के संपूर्ण उपयोग एवं जिस दुनिया में हम रहते हैं, उसे पूर्णतया समझने के साथ आती है।"

—बर्ट्रेंड रसेल

“हमेशा वह पथ चुनो, जो सर्वश्रेष्ठ लगता हो, भले ही वह कितना भी कठिन क्यों न हो; प्रचलन शीघ्र ही उसे सरल और स्वीकार्य बना देगा।”

—पाइथागोरस

अध्याय 16

प्रसन्नता स्वयं पर निर्भर है

"सही चयन का पैमाना यह है कि, जो भी चुना गया है, उसे आप पसंद करते हैं और वह आपको अच्छा भी लगता है।"

– लैंब

'ऑप्शन इंस्टीट्यूट (विकल्प संस्थान) के संस्थापक बेरी कॉफमैन के अनुसार, प्रसन्नता का सर्वाधिक महत्त्वपूर्ण पक्ष यह है कि, "प्रसन्नता आपका स्वयं का चयन है।" यद्यपि यह सुनने में विचित्र प्रतीत होता है, पर प्रायः हम प्रसन्नता का चयन नहीं करते हैं।

विकृत धारणाओं तथा अनुचित जीवन-दर्शन के कारण हम स्वयं ही ऐसी परिस्थितियाँ पैदा कर लेते हैं, जिनका परिणाम दुःख, चिंता एवं घबराहट होती है। उदाहरण के लिए, सुबह उठने और टहलने की आदत दिन की अच्छी शुरुआत की असीम क्षमता रखती है; पर अपनी आदतों और पर्याप्त प्रेरणा के अभाव में प्रायः प्रातः देर से, सूरज चढ़ने के बाद, उठना हो पाता है; जबकि उषा-काल की सारी सुषमा ढल चुकी होती है।

प्रसन्नता की सबसे सरल परिभाषा यह है कि 'प्रसन्नता हम जिंदगी में जिस

भी किसी चीज से रूबरू होते हैं, उसके बारे में एक खुशनुमा एहसास है।' जब हम थके हुए हों तब विश्राम करना, प्यास लगने पर एक गिलास पानी पीना, या कभी कोई पुराना संगीत सुनना—ये सभी हमारे मस्तिष्क में एक प्रकार से आनंद की अनुभूति पैदा करते हैं। पर यदि कोई दुघर्टना घटी हो या किसी ने अपना कोई प्रिय खोया हो तो वही संगीत अप्रिय लगने लगता है और कोई भी सुखद अनुभूति प्रदान करने में असफल रहता है।

अत: जीवन के दिन-प्रतिदिन के अनुभव हमें बताते हैं कि प्रसन्नता पूर्णतया संबंधित व्यक्ति एवं उसकी मानसिक दशा पर निर्भर होती है, अर्थात्, प्रसन्नता एक वैयक्तिक विषय है। एक परिस्थिति में जो चीज कभी प्रसन्नता का कारण थी, किसी अन्य समय पर दु:ख एवं अप्रसन्नता का कारण हो सकती है।

वास्तव में, बाह्य वस्तुएँ, व्यक्ति स्थल एवं परिस्थितियाँ प्रसन्नता हेतु केवल उत्प्रेरक का कार्य करती हैं। ये उत्प्रेरणाएँ हमारे मन को प्रभावित करती हैं और अपनी मनोदशा के अनुसार हम आनंद अथवा दु:ख का अनुभव करते हैं। अत: जीवन में हमें जो भी प्यार, स्नेह अथवा इनके अभाव, पसंद-नापसंद, सफलता-असफलता आदि के अनुभव होते हैं, उनके लिए एकमात्र हम स्वयं जिम्मेदार होते हैं। ये सब हमारे स्वयं के सृजन हैं।

प्रसन्नता का हेतु जीवन के प्रति हमारे स्वयं के दृष्टिकोण में निहित है। सुख-दु:ख के अनुभव हमारी अपनी मनोदशा पर निर्भर हैं। श्रीमद्भगवद्गीता में भगवान् श्रीकृष्ण कहते हैं, ''जिसका मन ऐंद्रिक विषयों एवं बाह्य जगत् से असंपृक्त है तथा स्वयं की अंतरात्मा से संपृक्त है और जो आत्मा व परमात्मा के दैवी मिलन में लीन है, परमानंद को प्राप्त होगा।''

जो अपनी समस्त रुचियों-अरुचियों को लाँघकर अपनी आदिम भावनाओं को नियंत्रित करना सीख जाता है और अपना ध्यान बाह्य जगत् से हटाकर अंतरात्मा की ओर उन्मुख कर लेता है, वह आत्मा के चिरस्थायी आनंद का अनुभव करता है। जब आत्मा का परमात्मा से मिलन संपूर्ण होता है तो आनंद अक्षय हो जाता है।

समस्त प्रचलित दर्शनों यथा योग, वेदांत, सांख्य, द्वैत यहाँ तक कि अद्वैत में भी मानव-जीवन का सर्वोच्च लक्ष्य, सुख व दु:ख के द्वैत में सम्यक् विभेद करना और परमानंद की अवस्था को प्राप्त करना बताया गया है।

भगवान् बुद्ध के अनुसार, जन्म दु:ख है, मृत्यु दु:ख है, जीवन दु:ख है और हमारे चारों ओर का संसार स्वयं में दु:ख है। शाश्वत कुछ नहीं है; हर चीज

परिवर्तनशील है एवं अनित्य है।

भारतीय धर्मशास्त्र की लगभग सभी शाखाओं के अनुसार, जीवन दुःख मात्र नहीं है और हमारे चारों ओर का संसार कोई कष्टकर स्थल नहीं है। बाह्य स्थितियाँ अवश्य मानव जीवन में दुःख लाती हैं पर वेद घोषित करते हैं कि जीवन शाश्वत आनंद है। वेद कहते हैं—"परमानंद से चीजें अस्तित्व में आती हैं। परमानंद में ही अस्तित्व में रहती हैं और अंततः परमानंद में ही लय हो जाती हैं।"

> ***प्रसन्न होने के लिए हमारा अपनी जीवन की दिशा पर आधिपत्य आवश्यक है।***

वैदिक दर्शन के अनुसार जीवन में हम जैसे-जैसे विकसित होते हैं वैसे-वैसे प्रसन्नता के विषय में हमारा दृष्टिकोण भी विकसित होता है और नए सैद्धांतिक आकार ग्रहण करता है। ऐंद्रिक अनुभूति की अवस्था, जिसे विलास कहा जा सकता है, से आप उच्चतर प्रसन्नता अर्थात् आनंद की एक नई परिधि में प्रवेश करते हैं, जो कि अनुभूति की अपेक्षाकृत उच्चतर अवस्था है। मानव जीवन का विकास और अंततोगत्वा उच्चतर स्तर की प्रसन्नता की प्राप्ती नितांत व्यक्तिगत चुनाव का प्रश्न है और यह इस हेतु किए जानेवाले प्रयास की गंभीरता एवं तीव्रता पर निर्भर है। विभिन्न विचारधाराएँ प्रसन्नता के लिए विभिन्न मार्ग एवं तकनीक बताती व सुझाती हैं, पर मूल सिद्धांत लगभग वही रहता है।

अंततः प्रसन्नता एक व्यक्तिगत निर्णय है; सामान्यता एक चुनाव का विषय है। यू.ए.एम.एस. कॉलेज ऑफ मेडिसिन में मनोचिकित्साशास्त्र की प्रोफेसर लिंडा वोर्ली द्वारा इसे सम्यक रूप से रेखांकित किया गया है "प्रत्येक व्यक्ति प्रसन्न होने की पात्रता रखता है, पर ऐसा होने के लिए कुछ आवश्यक तत्त्व हैं, जिनमें शामिल हैं आपका अपने भौतिक स्वरूप पर ध्यान देना, अपनी भावनाओं पर नियंत्रण स्थापित करना, अपनी सच्ची आंतरिक माँगों एवं जीवन-मूल्यों को समझना तथा उस पर अमल करना और आपका अपने जीवन की दिशा पर पूर्ण नियंत्रण होना।"

वे आगे कहती हैं, "हमें यह जानने की जरूरत है कि हममें अपने जीवन में कठिन चुनाव कर सकने की योग्यता होती है; वे चुनाव, जो प्रसन्नता की ओर ले जाते हैं भले ही वे किसी अन्य को अच्छे न लगें। बहुत से लोग दूसरों को प्रसन्न करने पर अपनी प्रसन्नता को आधारित करते हैं; क्योंकि बाह्य स्वीकृतियों की प्राप्ति अच्छी लगती है। पर यह एक क्षणिक अनुभूति होती है और स्थायी नहीं होती है।

यह समझना बहुत महत्त्वपूर्ण है कि हम अपने निर्णयों को खुद नियंत्रित करें। वस्तुतः, हम प्रसन्न हैं अथवा नहीं, यह हम पर निर्भर है, किसी अन्य पर नहीं।''

वोर्ली के अनुसार प्रसन्नता की एक अन्य कुंजी, 'सिन्क्रोनिसिटी' या तत्सामयिकता कही जाने वाली अवधारणा है। तत्सामयिकता एक सार्थक संयोग है, जो माना जाता है कि, किसी व्यक्ति को एक निश्चित दिशा में प्रेरित करने के लिए होता है। दूसरे शब्दों में, यह एक सिद्धांत है जो कहता है, 'जीवन में हर चीज एक निश्चित कारण से घटित होती है।' जीवन में घटनेवाली घटनाओं को उन अवसरों में बदला जा सकता है जो हमें उन्नयन एवं विकास के पथ पर अग्रसर कर सकें। इसे और स्पष्ट करते हुए वोर्ली ने आगे कहा है कि ''अपने सपनों का अनुसरण कर और जीवन के 'सार्थक संयोगों' पर ध्यान देकर हम सच्ची प्रसन्नता का मार्ग सचमुच पा सकते हैं।''

मानव-जीवन में जीवन-मूल्यों की भूमिका प्रसन्नता के क्षेत्र में सर्वाधिक महत्त्वपूर्ण घटकों में से एक है। कई बार ऐसा होता है कि लोग अपनी शक्ति और प्रयास उन चीजों में नहीं लगाते, जिनको वे सर्वाधिक महत्त्व देते हैं। लोग चाहते हैं कि उनके बच्चे पढ़ाई में बहुत अच्छे हों, पर वे न तो उनकी पढ़ाई का स्वयं पर्यवेक्षण करते हैं और न ही उनके पास संबंधित अध्यापक से जानकारी प्राप्त करने का समय होता है। इसी प्रकार, हम सभी जीवन को प्रसन्न एवं समृद्ध बनाने में मित्रता के महत्त्व को भली-भाँति समझते हैं। पर हम नए मित्र बनाने, पुराने संबंधों को पुनर्जीवित करने या अपने पुराने मित्रों से संबंध बनाए रखने और उसे प्रगाढ़ करने में प्रायः समय और ध्यान नहीं देते हैं।

अतः प्रसन्नता सुनिश्चित करने के लिए अपने जीवन-मूल्यों और वास्तविक प्रसन्नता देनेवाले मूलभूत तत्त्वों को जानना एवं तदनुसार जीने के लिए संकल्पित प्रयास करना अत्यधिक महत्त्वपूर्ण है। यह नितांत रूप से व्यक्तिगत चुनाव और उस चुनाव के अनुरूप जीवनयापन करने के निर्णय पर निर्भर है। यही सच्ची प्रसन्नता की कुंजी है। सुख और परम आनंद की प्राप्ति, चयन की तीव्रता और तद् हेतु हमारी इच्छा पर निर्भर है।

प्रसन्न रहने के लिए हमें संवेदनशील होना चाहिए और अपनी अंतरात्मा की आवाज सुननी चाहिए। प्रसन्नता कभी हमारी भौतिक प्राप्तियों पर निर्भर नहीं होती है। यह पूर्णतया इस पर निर्भर होती है कि हम क्या हैं और किस दिशा में जा रहे हैं। प्रसन्न रहने के लिए हमें अपने तन-मन की बुद्धिमत्ता का स्वर सुनना चाहिए,

उसका प्रत्युत्तर चुनते समय हमें स्वयं से पूछना चाहिए कि क्या यह हमें आनंद देगा। यदि हाँ, तो हमें आगे बढ़ना चाहिए।

वर्तमान में जीना और विगत के भार को उतार फेंकना प्रसन्नता की अनुभूति का मूल है। 'अभी' का जीवन ही प्रसन्नता का जीवन है। स्वयं को मन के साथ एकरूप कर देखने की प्रवृत्ति का परित्याग आवश्यक है। हम अपना मन मात्र नहीं हैं, अपितु मन से परे भी बुद्धि रखते हैं—जो सर्वोच्च है। हमें इस सत्य को समझना चाहिए। यह हमें अपने मन एवं उसके निर्देशों का आज्ञाकारी दास बनाने के स्थान पर मन का स्वामी बनाने में सहायक होगा।

प्रत्येक मनुष्य अपनी स्वयं की नैसर्गिक प्रवृत्तियों के साथ जन्म लेता है और भाग्य तथा परिस्थितियों के अनुसार अपने स्वनिर्धारित पथ का अनुसरण करता है। इसके अतिरिक्त प्रत्येक व्यक्ति का अपना स्वयं का विशिष्ट व्यक्तित्व होता है। प्रसन्न करनेवाले तत्त्व अलग-अलग व्यक्तियों में भिन्न-भिन्न होते हैं। प्रत्येक व्यक्ति को प्रसन्नता का अपना 'रोडमैप' स्वयं तैयार करना होता है। पुन: यह स्वयं के चयन सुनिश्चित धारणा तथा प्रयासों का प्रतिफल है। तथापि प्रसन्नता के कुछ मूलभूत सिद्धांत निम्नवत् हैं—

- लिप्सा त्यागो और प्रसन्न रहो। जिस क्षण कोई इच्छाओं के त्याग का निश्चय करता है, तनाव, चिंता तथा बेचैनी लुप्त हो जाती है। आप स्वयं के साथ परम शांति की अवस्था में होते हैं।
- अनावश्यक दुश्चिंता निरर्थक है। चिंता दु:ख लाती है और कभी सुख की ओर नहीं ले जाती। हम जिसके पात्र होते हैं, वह हमें अंतत: अवश्य प्राप्त होता है।
- वर्तमान में जियो। भूत भूत है तथा भविष्य अज्ञात है और उसे अभी आना बाकी है। दिन को काबू में करो और हर घंटे के हर मिनट तथा हर सेकंड का पूर्ण उपयोग करो।
- जीवन-यात्रा में हलके रहो। अहंकार अथवा अभिमान का अतिरिक्त भार त्याग दो। जीवन-प्रवाह के साथ बहो।
- दिन के किसी निश्चित अवधि में ईश्वर से वार्त्तालाप का प्रयास करें। उसके साथ किसी प्रकार की सहभागिता विकसित करें एवं उसकी निकटता पाने के लिए तत्पर रहें।
- जब हम परम सत्ता से जुड़ते हैं, दिव्यता स्वयमेव आ जाती है। जीवन में

विद्युत्सी चमक पैदा हो जाती है। (ईसा मसीह ने कहा है, ''प्रभु को प्यार करो और बाकी अन्य तमाम चीजें तुमसे स्वत: जुड़ जाएँगी।'')

- दूसरों के प्रति सेवा की भावना, सच्चे आनंद का सार है। निस्स्वार्थ रूप से की गई दूसरों की सेवा असीम आनंद एवं शांति की सृष्टि करती है।
- ध्यान-साधना से प्रचुर ऊर्जा, शांति एवं आनंद मिलता है।
- दूसरों के जीवन में खुशियाँ लाने से हमें भी खुशी प्राप्त होती है। दूसरों को प्रसन्न करने का प्रयास आनंद-प्राप्ति का सुनिश्चित मार्ग है।
- स्वामी विवेकानंद कहते हैं, ''अपने इस छोटे से जीवन में यदि हम एक क्षण के लिए भी किसी अन्य के हृदय में आनंद भर सकें तो वही एकमात्र सच्चा धर्म है।''
- हमें अपनी प्रसन्नता की जिम्मेदारी स्वयं लेनी चाहिए और अपनी परिस्थितियों में इसे पाने का पूर्ण प्रयास करना चाहिए। हम स्वयं को जैसा पाते हैं—हम कौन हैं और हम जीवन में क्या चाहते हैं—यही जीवन में हमारी प्रसन्नता और आनंद का निर्धारण करता है। प्रसन्न और आनंदमग्न रहना धारणा, चुनाव एवं प्रयत्न का प्रतिफल है।

□

"सभी, जो आनंद को जीतेंगे, उन्हें इसे आपस में अवश्य बाँटना चाहिए; प्रसन्नता जुड़वाँ जनमी थी।"

—बायरन

- विश्वसनीय मित्र बनाना तथा अपने परिवार पर समय एवं ध्यान देना, प्रसन्नता पाने के लिए अत्यंत महत्त्वपूर्ण है।
- लोभ एवं लिप्सा प्रसन्नता-प्राप्ति की राह में प्रबल अवरोध हैं।
- बच्चों एवं निकट कुटुंबियों का प्यार चिरस्थायी आनंद देता है और इसकी प्रतिपूर्ति किसी अन्य उपलब्धि या सिद्धि से कदापि नहीं हो सकती।
- संगीत सुनना तथा श्रेष्ठ साहित्य पढ़ना आह्लाददायक होने के साथ-साथ हमारे विकास में भी अत्यंत सहायक है।

प्रसन्नता विभिन्न रूपों एवं स्वरूपों में प्रकट होती है। हमारे साथ के लोगों का प्यार व स्नेह, आह्लादमय वातावरण, हमारे अंतर्मन की शांत तथा असंपृक्त अवस्था और अपने जीवन तथा इसकी दिशा के नियंत्रक होने की अनुभूति निरपवाद रूप से जीवन में आनंद एवं प्रसन्नता भर देती है। जैसाकि हम सभी जानते हैं, प्रसन्नता प्राप्ति अंततः हमारे अपने 'रोडमैप' और इसके प्रति हमारी सतर्कता तथा यथावश्यक इस 'रोडमैप' को संशोधित करने की तत्परता और उमंग, आत्म-विश्वास एवं सृजनशीलतापूर्वक आगे बढ़ने के हमारे दृढ़ संकल्प पर पूर्णरूपेण निर्भर हैं। प्रसन्न होने के लिए हमें अपने दृष्टिकोण को सुधारने और प्रसन्न रहने का संकल्प लेने की आवश्यकता है। अंततोगत्वा प्रसन्नता हमारे चयन का विषय है।

□□□

अध्याय 17

प्रसन्नता का वरदान

हम सभी आनंदित होना चाहते हैं। पर यदि ईमानदारी से पूछा जाए तो पता चलता है कि हममें से कोई भी यह दावा करने को तैयार नहीं है कि वह प्रसन्न है। मानवीय प्रसन्नता का चरमोत्कर्ष किसी बड़े काम को करने, किसी बड़े उद्देश्य को पाने या कम-से-कम इसके लिए अपना सर्वोत्कृष्ट प्रयास करने में है। सामान्यतया प्रसन्नता का अर्थ भय, चिंता तथा परेशानियों से मुक्त होना भी है; यद्यपि यह कहना भर सरल है, पर होना कठिन।

प्रसन्नता में सम्मिलित है—स्वस्थ रहना, आत्मनिर्भर होना, सुरक्षित होना, सम्यक् मनोवृत्तियों से ओत-प्रोत होना, जीवन के प्रति सही दृष्टिकोण रखना और विश्वसनीय मित्रों तथा सहयोगियों के सान्निध्य में आनंदित होना है। जीवन के प्रति सम्यक् दृष्टिकोण का अर्थ कोई बहुत बड़ा दार्शनिक झुकाव होना नहीं है। इसका सीधा-सादा अर्थ है अपनी आवश्यकताओं तथा क्षमताओं का वास्तविक आकलन और फिर तदनुसार जीवन के प्रति एक संतुलित दृष्टि, एक मध्यम-मार्ग का चयन।

यह प्रचलित विश्वास कि समस्त आवश्यकताओं एवं इच्छाओं की पूर्ति, से प्रसन्नता मिल जाएगी, वास्तविक जीवन में सही सिद्ध नहीं होता। अपितु, इससे एक शृंखलाबद्ध-प्रतिक्रिया प्रारंभ हो जाती है, जो हमें सदा-असंतृप्त कामनाओं के संजाल में स्थायी रूप से जकड़ लेती है। प्रसन्नता की मंजिल की ओर पहला कदम, व्यक्ति को खुद उठाना पड़ता है; पर परिवार तथा मित्रों की भूमिका भी अत्यंत महत्त्वपूर्ण है। मानव-मन की अनियंत्रित इच्छाओं का नियमन प्रसन्नता की एक अपरिहार्य आवश्यकता है। प्रसन्न होने के लिए दूसरों को प्रसन्न करने और उन्हें

अपना सर्वोत्तम प्रदान करने की इच्छा सर्वोपरि महत्त्व रखती है। अपने अभिप्रायों एवं आचरणों के सतत अनुदर्शन की आदत प्रसन्नता का एक अन्य मंत्र है। संक्षेप में, दूसरों को सुखी एवं आनंदित करने का प्रयास वह सबसे सुनिश्चित पथ है, जिससे हम प्रसन्नता पा सकते हैं।

उपर्युक्त के अतिरिक्त यह आवश्यक है कि मन में मौजूद कतिपय भ्रामक लोक-धारणाओं को भी स्पष्ट कर लिया जाए। उदाहरण के लिए, यह विश्वास कि प्रसन्नता धन-संग्रह अथवा समस्त इच्छाओं की पूर्ति पर निर्भर है, सही सिद्ध नहीं होता है। ऐसी ही दूसरी लोक धारणाओं कि जो लोग विपत्ति का सामना कर चुके हैं, वे कभी प्रसन्न नहीं हो सकते अथवा कि गरीब और बीमार लोग दुःखी रहने को मजबूर हैं आदि को अपने मन से हटा देने की आवश्यकता है। असंख्य ऐसे

निर्धन लोग हैं जो जीवन की प्रतिकूल परिस्थितियों के बावजूद सुखी एवं प्रसन्न रहते हैं। स्पष्ट है कि धन अथवा इसके अभाव का प्रसन्नता की अनुभूति से कुछ भी लेना-देना नहीं है।

प्रसन्नता देनेवाले तत्त्व हैं—सकारात्मक विचार, सम्यक् समय-प्रबंधन, उत्तम स्वास्थ्य, आत्म-सम्मान एवं आशावादिता, विश्वसनीय मित्रगण, सामंजस्यपूर्ण वैवाहिक जीवन, समुचित विश्राम व मनोरंजन और इन सबके ऊपर बौद्धिक चुनौती वाले कार्य तथा जीवन में सोद्देश्यता का भाव। वस्तुतः प्रसन्नता व्यक्तिपरक होती है और स्वयं के अंदर से आती है। यद्यपि हमारी परिस्थितियाँ और रहन-सहन का वातावरण प्रसन्नता के ताने-बाने के महत्त्वपूर्ण अवयव हैं, पर जो सर्वाधिक महत्त्वपूर्ण है वह है हमारा दृष्टिकोण एवं हमारे समक्ष उत्पन्न परिस्थितियों के प्रति हमारी प्रतिक्रिया। प्रसन्नता जीवन के प्रति हमारी दृष्टि एवं दर्शन पर बहुत अधिक निर्भर है। प्रसन्न रहने के लिए हमें जीवन के प्रति स्वीकार्यता का भाव विकसित करना आवश्यक है।

जैसाकि पहले भी कहा गया है, एक अन्य पहलू, जो हमारे जीवन को प्रभावित करता है, वह है सही व गलत में विभेद का विवेक और अत्यावश्यक एवं महत्त्वपूर्ण कार्यों में विभेद की पहचान। प्रसन्नता सुनिश्चित करने के लिए हमें अपने जीवन की दिशा का पूर्ण नियंत्रण अपने हाथ में रखने की आवश्यकता है। अनावश्यक त्रस्त रहने की आदत और सारी दुनिया का बोझ अपने कंधों पर उठाए होने की झूठी अवधारणा से भी मुक्त होने की आवश्यकता है।

वास्तव में स्वास्थ्य, प्रशांत चित्त, सकारात्मक भाव एवं सोद्देश्यता हमें प्रसन्नता के पथ पर काफी आगे तक ले जाती है। परंतु इस यात्रा में सच्चा आनंद एवं

वास्तविक उपलब्धि का भाव सुनिश्चित करने के लिए हमें अपने व्यक्तित्व से अहं के भार को उतार फेंकने, करुणा एवं परानुभूति विकसित करने तथा इस दुनिया को हमने जैसा पाया था, उससे बेहतर पारिस्थितिकी एवं पर्यावरण सुनिश्चित करने में हमारे योगदान के रूप में हो सकता है अथवा किसी श्रांत-क्लांत व्यक्ति के चेहरे पर मुसकान लाने या समाज से किसी बुराई के उन्मूलन करने या फिर अपने निकट एवं प्रिय लोगों को सहृदय, दयालु तथा विचारशील मनुष्य बनने के लिए शिक्षित करने के रूप में भी हो सकता है।

प्रसन्नता सुनिश्चित करने के लिए हमें 'प्रयास' एवं 'स्वीकार्यता' का भाव विकसित करना होगा। इसका अर्थ यह है कि जहाँ अपने दिन-प्रतिदिन के जीवन में हमें विकास एवं बेहतरी के लिए कोशिश करनी चाहिए, वहीं जो कुछ भी हमारे जीवन में अंततः मिलता है, उसे सहज स्वीकार भी करना चाहिए। निम्न 'मदर-गूज' कविता में इस भाव की बहुत सुंदर अभिव्यक्ति हुई है—

"फॉर एवरी एलमेंट अंडर द सन,
देयर इज ए रेमेडी, आर देयर इज नन।
इफ देयर इज वन, ट्राई टु फाइंड इट,
इफ देयर बी नन, नेवर माइंड इट॥"

"सूरज के नीचे, धरती की हर बीमारी
का है उपचार, नहीं तो है लाचारी
संभव यदि उपचार तो कोशिश करके पाएँ;
और नहीं यदि कोई, बेहतर इसे भुलाएँ॥"

प्रसन्नता की प्राप्ति एवं दुश्चिंताओं के विनाश का एक अन्य महत्त्वपूर्ण मंत्र अपनी चिंताओं की सूची बनाना, उनके महत्त्व की तार्किक व्याख्या करना और उनके समाधानों को सूचीबद्ध करना है। सूक्ष्म परीक्षण से हम पा सकते हैं कि हमारी अधिकांश दुश्चिंताएँ स्वनिर्मित होती हैं, जो हमारे गंभीर चिंतन-मनन के योग्य तक नहीं होतीं; जबकि, कतिपय समस्याओं को यदि ठीक तरह से निपटाया जाए तो वे वास्तव में सुअवसरों में बदली जा सकती हैं। प्रसन्न होने के लिए आपको अपने जीवन के 'प्रशांति-केंद्र' को ढूँढ़ना होगा। जीवन संघर्षों से परिपूर्ण है, और इस

सागर–यात्रा में उतार–चढ़ाव अवश्यंभावी हैं; पर इसमें सुगमता से पार पाने के लिए हमें अपने स्वयं के 'प्रशांति क्षेत्र' और वे लंगर तलाशने होंगे, जो हमारे लिए उपयुक्त हों तथा हमें उत्साहित कर सकें। यह ईश्वर में हमारी आस्था हो सकती है—पूजा, प्रार्थना या सृजनात्मक क्रिया–कलापों में अभिरुचि या फिर उन चीजों में, जो विपत्तियों से बचाए रखने के लिए साहस एवं आशा का संचार कर सकें।

इस पुस्तक को लिखने के दौरान मुझे जीवन के अलग–अलग क्षेत्रों से संबंधित विभिन्न लोगों से मिलने एवं उनसे प्रसन्नना को बढ़ाने अथवा अवरुद्ध करनेवाले तत्त्वों पर विचार–विमर्श करने का अवसर प्राप्त हुआ है। अधिकांश लोग, जिन्होंने अपना जीवन–यापन गरिमा एवं उत्साह से किया है और अपने चुने हुए क्षेत्रों में शीर्ष पर रहे हैं—के समान विचार संक्षेप में निम्नवत् सूचीबद्ध किए जा सकते हैं—

- प्रसन्न होने के लिए मिथ्याभिमान और आडंबरहीन सरल जीवन जीना चाहिए।
- जीवन के उद्देश्य मूल्याधारित होने चाहिए और किसी वस्तु विशेष के प्रति अत्यधिक आसक्ति से बचना चाहिए।
- 'जल में कमलवत्' की अवधारणा आनंदमय जीवन बिताने का सर्वोत्कृष्ट सूत्र है।
- जीवन की प्रतिकूल परिस्थितियों में परिवर्तन के लिए अपना सर्वोत्कृष्ट प्रयास करना, पर अपरिहार्य स्थितियों को समभाव से ग्रहण करना, प्रसन्नता की कुंजी है।
- सबके लिए प्रीति का भाव ही आह्लादमय अस्तित्व के लिए मूल–मंत्र है।
- व्यक्तित्व का सद्गुणयुक्त विकास और करुणा एवं परानुभूतिपूर्ण व्यवहार अंततः प्रसन्नता की ओर ले जाता है।
- कला, संस्कृति एवं अन्य कलात्मक गतिविधियों में अभिरुचि सदैव जीवन में अर्थ एवं आनंद की अभिवृद्धि करती है।
- लालच, चिंता अथवा संपृक्ति से रहित निस्स्वार्थ भाव से अपना कर्तव्य पालन सच्चे आनंद एवं वास्तविक प्रसन्नता के लिए परमावश्यक है।
- दूसरों के लिए जीना और उनकी प्रसन्नता के लिए प्रयास करना प्रसन्नता की पक्की गारंटी है।

"यदि आप जीवन में सफलता चाहते हैं तो अध्यवसाय को अपना घनिष्ठतम मित्र, अनुभव को बुद्धिमान परामर्शदाता, सावधानी को बड़ा भाई और आशा को अपना प्रतिभाशाली अभिभावक बनाएँ।"

—एडिसन